鈴木明子◉著

おんなの身体論

月経・産育・暮らし

岩田書院

目次

第二部　産　育

第三部　暮らし

序章　おんなの身体論

はじめに

本章は、女性の身体をめぐる現状について、月経と出産の変容という視点から論じる。まず、最初に結論を述べるが、現代の女性が経験している月経や出産は、かつての多くの日本女性たちが経験していた月経や出産とくらべて重くなってきているのではないか、ということである。ここで「かつての多くの」と形容したが、これは、かつての日本社会の多くを占めた農山漁村のいわゆるムラで生を受け、肉体労働に従事し、生涯を全うした女性たちのことを指している。

月経や出産が重い・軽いという状態は、単なる個人差と捉えられているのか、こうした点についての文化的研究は管見の限りではない。また、重い・軽いという主観的ともとれる言葉だけで、単純に比較するのは難しいのかもしれない。しかし、月経だけを取り上げて簡単に述べると、初経年齢が低下したということ、月経痛の重い女性が増えたということ、そして月経持続日数が長い女性が増えたのではないかということは、客観的に指摘することができる。初経年齢の低下については、生活環境の改善による栄養状態の改善など、発育が良くなったためといわれ、この状態を重いと捉える必要はないかもしれない。しかし早発月経(図表1参照)は、乳がん発症のリスクを高くするという指摘もあり、ただ発育が良いといって喜んでばかりはいられない現状もある。また、月経が早く始まるということは、それだけ月経によって煩わされる時間が、長くなるということでもある。こうした問題を念頭において、月経と出産の変容について考えていきたい。

第一節　研究小史

一　出産

出産に関しては、その変容に関する調査報告や研究は多く、また医療化に関する言説や助産婦の問題など、様々な分野で現在も盛んに取り組まれている。最近では生命倫理などの問題として取り上げられることもあり、『日本民俗学』でもこうした問題点を踏まえての特集が組まれている[1]。こうした状況から、一見研究が盛んに行われているようにみえる。しかし川田順造は次のように指摘している[2]。

> 分娩の体位のように、物理的に限られた身体技法においても、日本では藁などを積んで背をもたせかけた坐産（地方により、こたつやぐらなどに前かがみにもたれて坐る）が一般的で、出産後七日目までは足を伸ばすことが禁忌とされている地方も多かった（中略）身体技法のさまざまな側面が常に一義的な正の相関関係ではとらえられないことはいうまでもないが、他の、やはり物理的に可能性の限られた身体技法（排便、性交の体位など）も含めた、文化内的《イーミック》な研究が今後望まれる。

川田は、分娩の姿勢を一つの身体技法として、それぞれの社会の文化的な問題として捉えるべきであると主張している。しかしこうした研究は、管見の限りでは今のところ日本では行われていない。研究がないどころか、次のよう

な発言さえある。(3)

宮田「文明が成熟してゆくと、女性の出産というものは、かえって、産みの苦しみが増すようですね、先住民族の部族社会のように、まだ自然の生態系がそのまま生きている社会では、そんなに苦労しなくてもごく自然に生まれるんでしょうね。

ところが文明度が高くなり、いろんな環境条件がよくなっていくと、かえって難産になっちゃうんですね。文明の進歩とともに、自然界から遊離していくことになる。」

沖浦「人間の出産も「動物としてのヒト」の自然的行為なのだから、自然のまんまやればいいわけですね。」

（傍線筆者）

これは川田の指摘の数年後に行われた男性研究者同士の対談においての発言である。育児は女性の本能といった発言がなされることがあるが、同じような文脈で出産についても語られている。

女性研究者は、管見の限りでは、こうした発言に対して検証もしくは反証している様子はない。子どもを産むことのない男性の主張を無視しているのか、あるいは出産を個人差と捉えているのか分からないが、とにかく女性研究者もこうした点についてはほとんど注目していないのが現状である。

ここで一つ注意しておきたいのは、川田の指摘にもあるが、ヒトの出産の場合、自然的行為といっても、文化による差異が存在し、「動物としてのヒト」という一つのカテゴリーで規定することはできないのではないだろうかということである。

「自然な出産」という問題については、平成十四年(二〇〇二)の日本人類学会進化人類学分科会主催第七回シンポジウム「出産の進化と歴史」において、「〝自然な出産〟とは、そもそも何なのか。〝自然がよい〟というときの〝自然〟とはいったい何を意味しているのだろうか」と指摘している。(4) つまり「自然」自体が問いの対象になっているのであり、簡単に「自然」とはいうものの、それぞれの社会や文化の型にあった「自然の出産」があるということになる。「自然の出産」そのものが社会的・文化的産物なのである。

現在の日本では出産の医療化が進み、出産時の母子の死亡者数は少なくなっている。こうした状況の一方で、医療に頼らない自然な出産を望む人々も増えてきているが、日本人の出産についての文化的研究は進んでおらず、今のところ日本人の分娩に関して、日本人の身体技法と結びつけたトータルな研究は行われていない。

民俗調査では、陣痛が来るまで仕事をしていたという話や、畑で産み落としたという話などもよく聞かれ、かつての村落社会ではそれが当たり前のことだったといわれる。こうした状況を現代の出産事情とくらべて、何もない状況で大変だったという意見もあるが、むしろ通常の出産においては安産であったような印象を受ける。その時代とくらべると現代の方が、環境は改善されているにもかかわらず、はるかに出産は重くなっているようである。(5)

出産に関する認識の相違があることについては、江戸時代の安永六年（一七七七）刊の産科書『産屋やしない草』の時点ですでに同じようなことがいわれている。(6)

辺鄙の漁姑樵婦の類は勿論、やがて京近くの八瀬小原の村婦、薪を売に出て、途にてまめに成、ひとりでにさはひして、家に還る者を見もし、聞きもする事たびたびなり。これ皆、今日の営に取りまぎれて、産前後の気づかひせず、人を頼みとせず、天然に任するゆへ、却、産こゝろやすきなり。都会に住むといへども、女にかはる事なければ、此道理をよくおもひわきまへ、自然に生るゝものとこゝろえ、陣疼だつとも、いらちて身を揉ことあるべからず

賀川流の産科医である著者は、「辺鄙の漁姑樵婦の類」や「京近くの八瀬小原の村婦」と「都会」に住む女とを比

べて、近世の同時代の京都周辺においてさえ、出産が「こゝろやすき」ものと「いらちて身を採」むものとに分かれ、楽に済むものと、そうでないものとがあるということを、実際に見たり聞いたりしていたのである。

安産やきれいな子が生まれるという便所掃除などの伝承もあるが、日常の労働の少ない町家や武家の女性には豆拾いなどが考案され、励行されていたという伝承も残っている。現代でも妊婦の肥満予防のための妊婦スイミングなどもあるにはあるが、かつてのような出産前の労働や運動は忘れ去られ、一方で個人差なのかどうか、出産が重くなっているようなのである。こうした状態を単に個人差として片付けてよいのだろうかという疑問が浮かんでくる。

出産についての文化的視点について、ヨーロッパでの出産とお産椅子の問題についての研究にヒントがある。[7]

　しかしながら日本や中国、東南アジアでは、なぜかヨーロッパでのようにお産のための特殊な椅子が考案されたり、それが実用化されたことはありませんでした。少なくとも近代以前の中国や朝鮮、東アジアやインド、アフリカなどでは、そのような椅子を用いるお産があったことは、これまでのところ確認されていません。

　では、なぜヨーロッパでは、このような特殊な椅子が生み出されていったのでしょうか。お産椅子が創造されるにいたった背景には、どんな事情があったのでしょう。(中略)人々の日常性における身体の処し方、習慣の中に、人類学の言葉を用いれば、日常的な「身体技法」の中に、すでにそのような創造を可能にする条件、前提とする文化があったということになります。(傍線筆者)

この指摘の裏を返せば、日本にはお産椅子を必要としない身体技法が存在したことになる。つまり日本には、日本人の生活条件や環境に見合う、出産のための身体技法がかつては存在したと考えられるのである。つまり、坐り方、労働の姿勢や所作、また妊娠中の生活や安産のための伝承(便所掃除・豆拾い・陣痛までの労働)など、日本人の分娩に関する身体技法には、それに見合う生活文化が前提としてあったといえるのではないだろうか。[8]

ヒトにとっての分娩姿勢というのは、その社会や文化ごとの、細かくいえば日常生活や労働姿勢などから編み出された、その社会や文化ごとの特徴を表出する身体技法として捉えるべきなのではないだろうか。

日本では、近代に入ると西欧医学を画一的に受容し、出産姿勢は仰臥位に変えられ、昭和四十年代には、病院出産に移行してしまった。しかし、かつての坐産や労働の型の問題など、自然な出産が求められている現代社会において、そうした側面からの研究を進める段階に来ているのである。

二　月経

こうした出産についての問題を念頭において、次に月経についての研究をみていくことにする。(9)

最近では、月経に関しては、月経痛などの月経困難症や子宮内膜症など、医学的な問題について取り上げられることが多く、この症状は、かつての日本社会ではあまりなかったことといわれている。実際には月経痛などはかつても存在したが、現代ほどではなかったといわれる。月経というのは、受精のない流産であるといわれることがある。つまり出産が重くなっているのであれば、同じ要素を持つ月経が重くなり、生理痛が重くなるのも、仕方のないことと考えられるのである。こうした状況から考えていくと、出産が重くなった社会というのは、月経も同じように重くなっている社会ともいえるのではないだろうか。

月経に関する文化的研究は、女の子が大人の女性として認められる成女式との関連、衛生観の変遷、月経処置の変遷、血穢観など数多くある。しかし月経の実態について言及したものはほとんどなく、後述するが、わずかに鎌田久子が、月経処置の変遷の中で女性の月経の変化について述べているものがあるのみである。月経の実態については、出産ほどには、調査報告や研究がないのが現状である。

では日本女性の月経はどのようなものであるのか、あるいは、あったのかということになる。また変化しているのであれば、その変遷を探る必要がある。つまり個人差やストレスといって簡単に理解してしまうのではなく、その実態についての細かな研究が必要とされるのである。

第二節　月経の伝承

一　現代の月経

ここでは、少ない研究史を踏まえて、日本女性の月経について考えていきたい。月経は、明治以降の衛生意識の普及で、女性のものであって女性のものでないような状態になっており、教科書の知識を除けば、最近では自分の状態しか知らない女性が多い。つまり月経の実態についての様々な知識が女性のもとから徐々に奪われていき、昭和三十六年(一九六一)のアンネナプキンの発売によって、そうした知識を取得する機会はほぼ消滅したものと考えている。(10)

女性にとっては、自分たちの体におこる現象であるのに、それがどういうものかはほとんど知らない現実がある。そこで、まず現代の日本女性の月経についてみていくことにする。日本産婦人科学会の出している月経の定義は図表1の通りであるが、月経に関してよく知られている基礎知識は、次の通りではないだろうか。(11)

月経周期日数…二五〜三八日位(月経の始まった日から次の月経の始まる前の日までの日数)

月経持続日数…三〜七日(一回の月経の続く日数)(12)

こうした基礎知識は女性にはあると思うが、このうち月経持続日数についてみていくと、具体的には図表2・3の通りであり、日本においては、すべての年代において四〜五日の女性が多いといわれている。長年日本女性の月経に

図表1　月経に関する定義

① **月　経**
通常、約1ヵ月の間隔で起こり、限られた日数で自然に止まる子宮内膜からの周期的出血。

② **初経と思春期**
初経：初めて発来した月経。
思春期：性機能の発現、すなわち乳房発育、陰毛発生などの第2次性徴の出現に始まり、初経を経て第2次性徴が完成し月経周期がほぼ順調になるまでの期間をいう。その期間は、わが国の現状では、8〜9歳頃から17〜18歳頃までになる。
早発月経：10歳未満の初経発来をいう。
遅発月経：15歳以上で初経の発来したものをいう。
早発思春期：早発月経があるか、乳房発育が7歳未満または陰毛発生が9歳未満で開始したものをいう。
遅発思春期：適正な年齢を過ぎても乳房発育、陰毛発生および初経発来のすべてを見ないものをいう。
その年齢は現状では乳房発育11歳、陰毛発生13歳、初経発来14歳である。

③ **更年期と閉経**
更年期：生殖期（性成熟期）と非生殖期（老年期）の間の移行期をいい、卵巣機能が衰退し始め消失する時期にあたる。
閉経：卵巣機能の衰退または消失によっておこる月経の永久的な閉止をいう。
分　類
自然閉経：卵巣機能の自然消失に伴い起こった閉経。更年期女性において、明らかな原因がなく、月経が1年以上ない時、閉経と判断してよい。
人為的閉経（医原的閉経）：人為的に卵巣機能が廃絶されたことによる閉経、子宮のみ摘出し卵巣が残っている場合は、臨床的に卵巣摘出による症状が出ないし、女性ホルモンのレベルも高いので、これには含めない。
早発閉経：43歳未満で閉経が起きたもの。
遅発閉経：55歳以後に閉経が起きたもの。

④ **月経周期**
月経周期日数：月経開始日より起算して、次回月経開始前日までの日数をいう。正常範囲は周期日数が25〜38日の間にあり、その変動が6日以内である。
頻発月経：月経周期が短縮し、24日以内で発来した月経をいう。
稀発月経：月経周期が延長し、39日以上で発来した月経をいう。
不整周期：上記の正常周期に当てはまらない月経周期をいう。

⑤ **月経持続日数および量**
月経持続日数の正常範囲は3〜7日である。
過短月経：出血日数が2日以内のものをいう。
過長月経：出血日数が8日以上続くものをいう。
過多月経：月経血量が異常に多いものをいう。
過少月経：月経血量が異常に少ないものをいう。

⑥ **無月経**
定義：月経がない状態をいう。
分　類
生理的無月経：初経以前、閉経以後ならびに妊娠、産褥、授乳期における無月経をいう。
病的無月経：性成熟期における月経の異常な停止をいう。
原発（性）無月経：満18歳になっても初経がおこらないものをいう。
続発（性）無月経：これまであった月経が3ヵ月以上停止したものをいう。ただし，生理的無月経の場合はこの期間にとらわれない。

⑦ **月経随伴症状**
月経困難症：月経期間中に、月経に随伴しておこる病的症状。
月経前症候群：月経開始の3〜10日位前から始まる精神的、身体的症状で月経開始とともに減退ないし消失するもの。
月経前緊張症：月経前症候群の同義語として取りあつかう。

（註（９）松本精一『日本女性の月経』日本性科学大系Ⅲ、フリープレス、1999より引用。以下、本章の図表のうち、５・11をのぞく図表はすべて同書よりの引用である。詳細な出典は同書を参照ねがう）

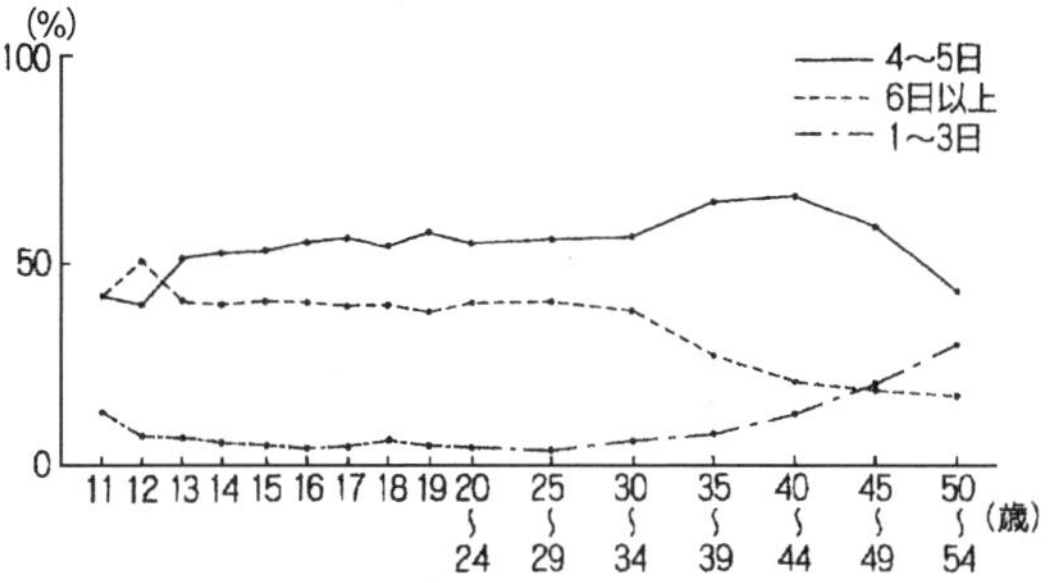

図表2　年齢別月経持続日数（註（９）松本より引用）

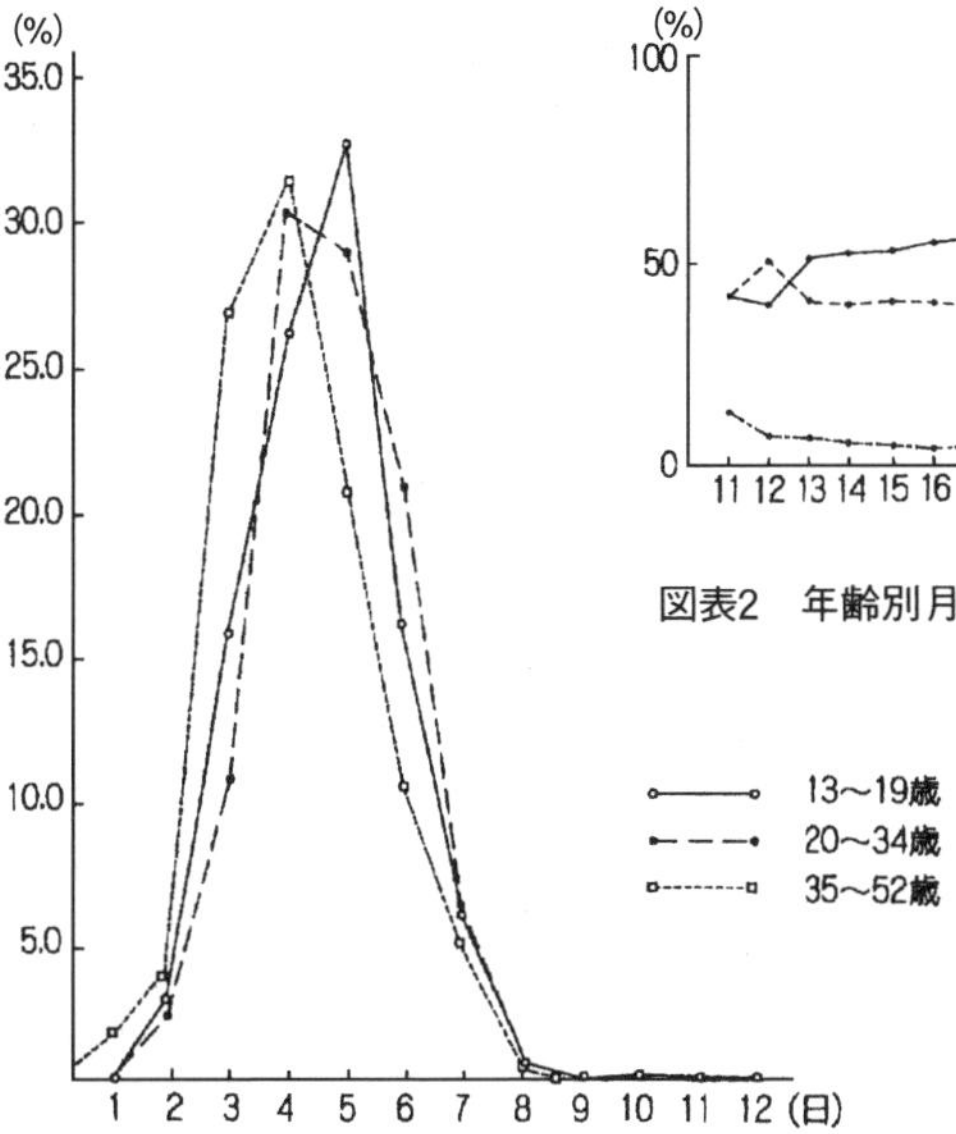

図表3　年齢による月経持続日数分布の差（註（９）松本より引用）

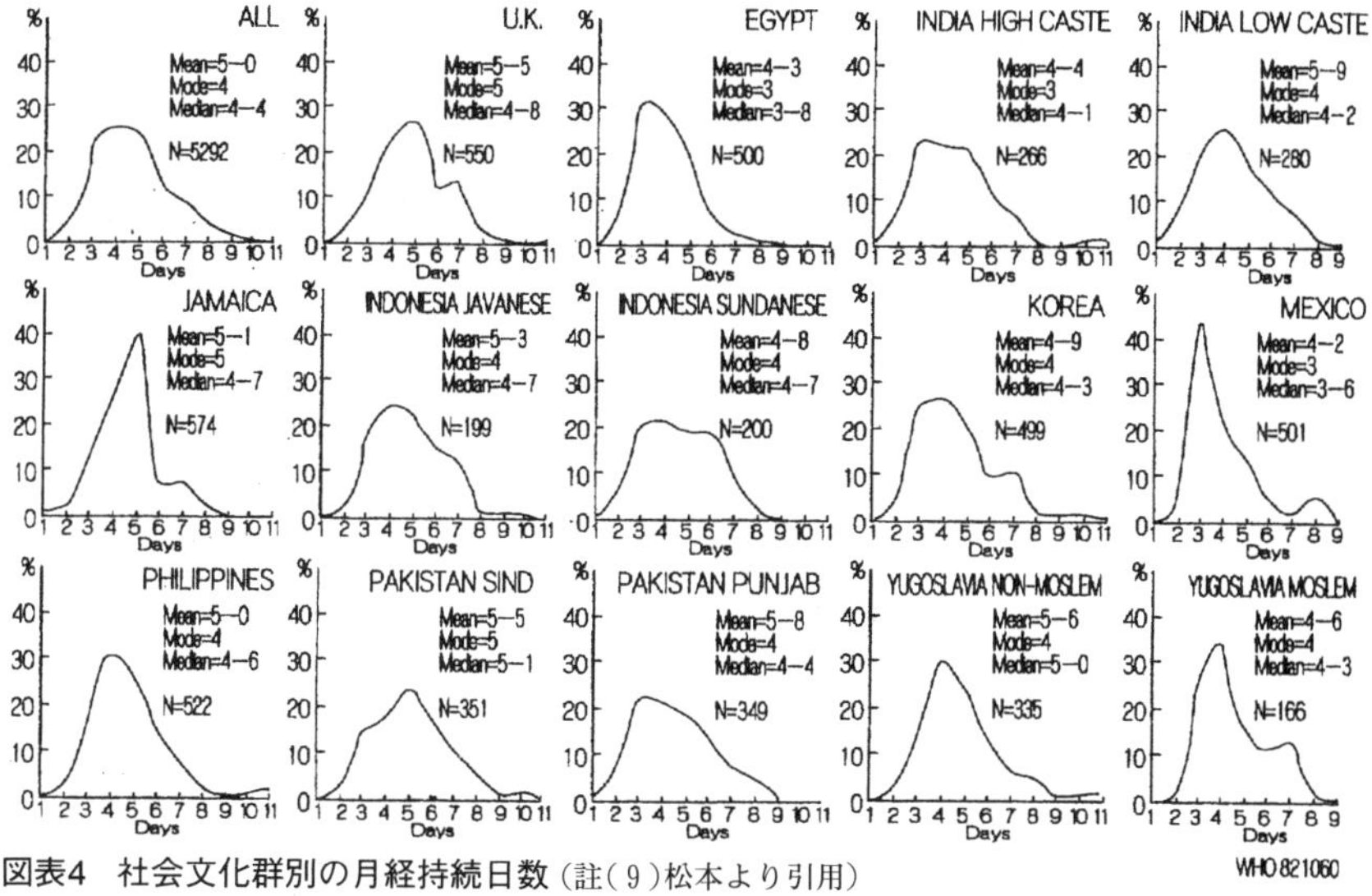

図表4　社会文化群別の月経持続日数（註（９）松本より引用）

ついて研究を続けてきた松本精一医師によれば、日本女性の月経持続日数のパターンは、「一〜三日…六・六%。四〜五日…五五・〇%。六日以上…三七・四%」であるという。(13) しかし比較として挙げた図表4の諸外国の例と比べてみると、日本では、月経持続日数が短いものが少ない傾向にあることが分かる。一〜三日で済む女性が多い国は、もっとも高いエジプト(EGYPT)で三六%、少ないジャマイカ(JAMAICA)でも一一%である。つまり現代の日本女性の月経持続日数は諸外国の女性と比べて長いということになる。この理由としては、月経の処理方法や、少量の出血に対する認識の差異などがいわれているが、確かなことは明らかになっていない。

図表5は、筆者が平成十七年(二〇〇五)に東京の女子大生へ行ったアンケート調査の結果である。これは調査数が少ないので相対化できる数字ではないが、月経期間の長い女性がより増えている結果になっている。(14)

平成十六年にベストセラーになった『オニババ化する女たち』という本があったが、(15) 同書では、女性の月経コントロールに言及しており、かつての女性は自由に月経をコントロールしていたととれる記述がある。しかし、もし本当にそうであったなら、月小屋などの月経時に用いられる特別な小屋は必要なかったはずなので、この本自体の評価は別として、月経コントロールという言葉自体は、非常に示唆に富んでいる。しかし月経コントロールについては、早くに鎌田久子が指摘している。(16) 一般の女性にとっては、自由自在のコントロールは、難しいのではないかと思うが、かつての和式便所の時代に、しゃがんで下半身をよく動かして労働していた女性の場合、骨盤底筋が鍛えられ、かつ柔軟になり、インナーマッスルを締めたり、緩めたりということが、現代の女性よりはるかにできたのではないかという気はする。実際に月経持続日数が短かったのであれば、月経コントロールが必要なのは、ほんの少しの日数で済むことになる。

二　かつての女性の月経

民俗調査では、血穢に関連した報告は数限りなくあるが、月経の実態についてのデータはほとんどない。『民俗地図』に、「山の女性は初潮が早いといわれている」といった記述がある程度で[17]、実際にどれくらい早かったのかというデータはほとんど残っていない。

こうした問題関心のもとにお年寄りに話を聞いてみると、かつての自分と孫世代の子どもたちとくらべて、現在は初潮年齢が早くなったとか、月経痛が強いといった話が多く聞かれる。初経年齢については、初経年齢の推移ということで医学的に多くの研究が行われ、具体的なデータが示されている（図表6～9。比較として図表10の海外の事例参照）。しかし、民俗調査で大正から昭和初期に生まれた女性に話を聞いてみると、実際には図表8の十五歳というデータよりも、さらに遅い年齢だったという話も聞かれ、同じことが図表11にあげた昭和三十五年（一九六〇）の海女の調査のデータからも浮かび上がってくる[18]。それによると十五歳の初経がもっとも早く、十八歳の女性も複数いた。

初経年齢の低下は、図表10などの諸外国のデータと同じように、近代以降の栄養事情などの改善による発育促進の一環として捉えることができるようで、どの程度まで初経年齢が低下するか分からないが、図表7のように低下し、最近では平均十二歳前後まで下がっている。

図表12にみられるように、かつては、初経前に就労した少女は、そうでない少女とくらべて、明らかに初経年齢が高くなる傾向があるといわれていたが、現代では、病気とは無縁の少女で初経が遅くなる場合、過度な運動による場合が多いといわれている（海外のデータではあるが、図表13・14を参照）。

かつての日本社会では、一人前の農家の女性として働けるように育つことが期待されていたため、女の子も早くから家事や労働の一端を担っており、単に栄養の問題だけではなく、環境が初経の年齢をあげたという可能性も指摘す

図表5　2005年6月のアンケート結果（回答数24）

初潮	小五（10〜11）歳	2人	小六（12）	13	中一	3	中二	2	中三	2	不明	2

持続日数	2〜3日	1人	3〜4	1	3〜7	1	4〜5	2	5	5	5〜7	1	6	1	7	9	不明	1

2005年女子大生へのアンケート：回答数24の内、回答のあったもののみ（中国・韓国の留学生数人含む）

図表6　全学年別既潮率(%)と平均初経年齢(median)の推移

	第1回調査	第2回調査	第3回調査	第4回調査	第5回調査	第6回調査	第7回調査	第8回調査	第9回調査
	1961年（昭和36年）2月	1964年（昭和39年）2月	1967年（昭和42年）2月	1972年（昭和47年）2月	1977年（昭和52年）2月	1982年（昭和57年）2月	1987年（昭和62年）2月	1992年（平成4年）2月	1997年（平成9年）2月
小学校5年生	3.9%	5.7%	7.9%	11.1%	14.3%	13.7%	14.6%	19.3%	23.9%
6年生	23.2%	24.2%	31.1%	40.5%	44.6%	43.8%	45.3%	51.7%	57.3%
中学校1年生	53.1%	58.4%	67.0%	74.7%	78.0%	76.2%	77.4%	82.6%	83.5%
2年生	84.0%	88.2%	90.9%	93.9%	94.9%	94.5%	95.4%	96.1%	95.9%
3年生	96.8%	97.5%	98.2%	98.7%	99.2%	99.1%	99.0%	99.2%	99.0%
平均初経年齢	13歳2.6ヵ月	13歳1.1ヵ月	12歳10.4ヵ月	12歳7.6ヵ月	12歳6.0ヵ月	12歳6.5ヵ月	12歳5.9ヵ月	12歳3.7ヵ月	12歳2.0ヵ月
標準偏差	1歳2.2ヵ月	1歳1.6ヵ月	1歳1.7ヵ月	1歳1.6ヵ月	1歳1.6ヵ月	1歳1.0ヵ月	1歳1.1ヵ月	1歳1.1ヵ月	1歳1.2ヵ月
調査人数合計	839,049	586,466	619,774	425,408	105,567	123,908	70,350	62,275	73,309

※1961年調査における小学校5年生既潮率は6年生の5年生時既潮率で代用している。（註（9）松本より引用）

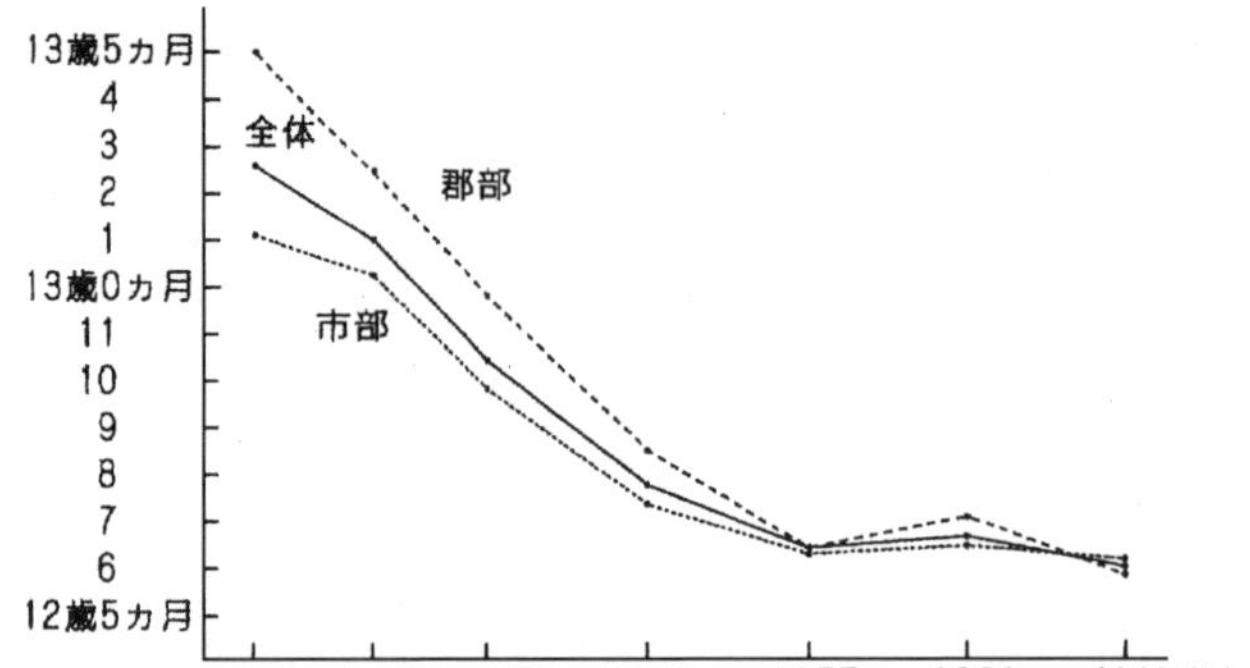

図表7　わが国における平均初経年齢の推移（註（9）松本より引用）

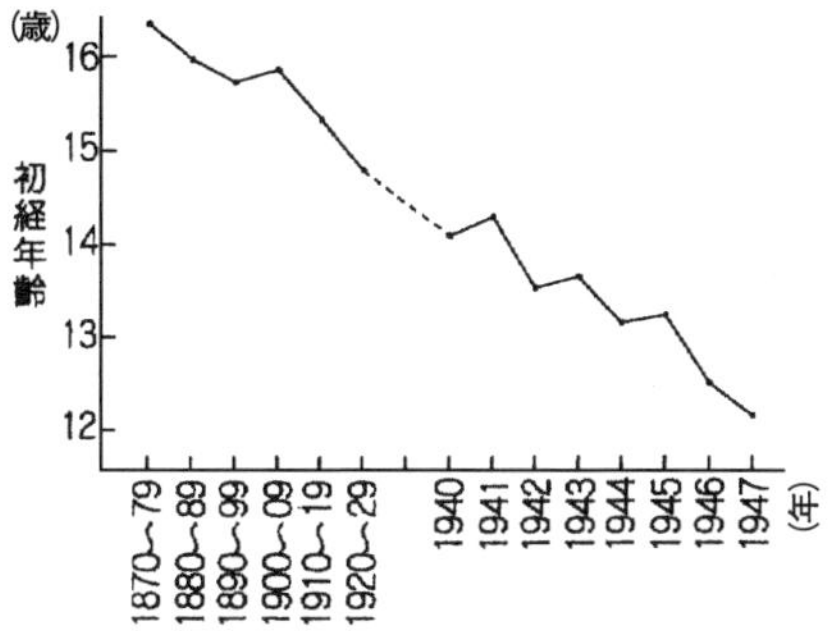

図表8　生まれた年度別の初経年齢の推移（註（９）松本より引用）

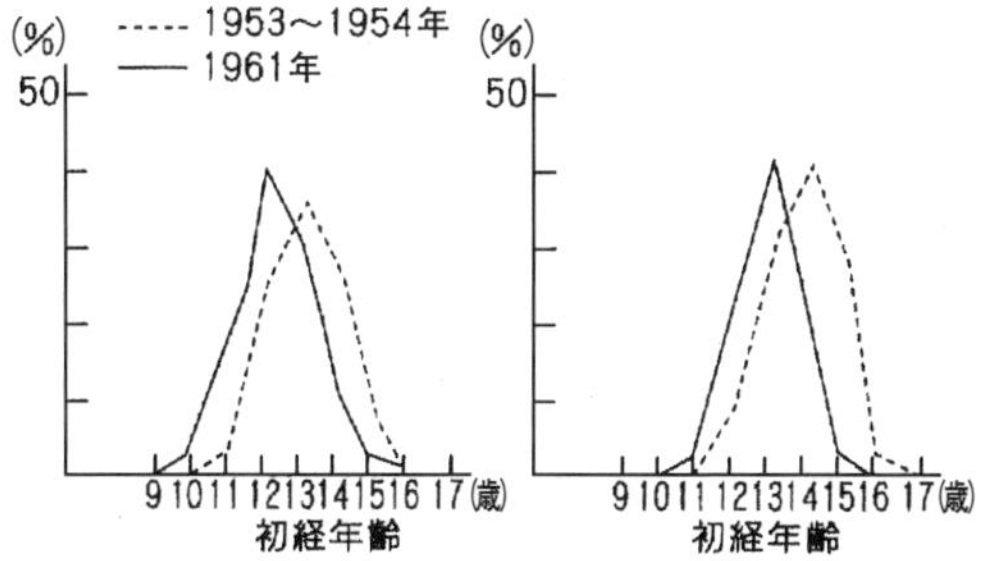

図表9　東京(左)と埼玉(右)の中・高校生の初経年齢分布

（註（９）松本より引用）

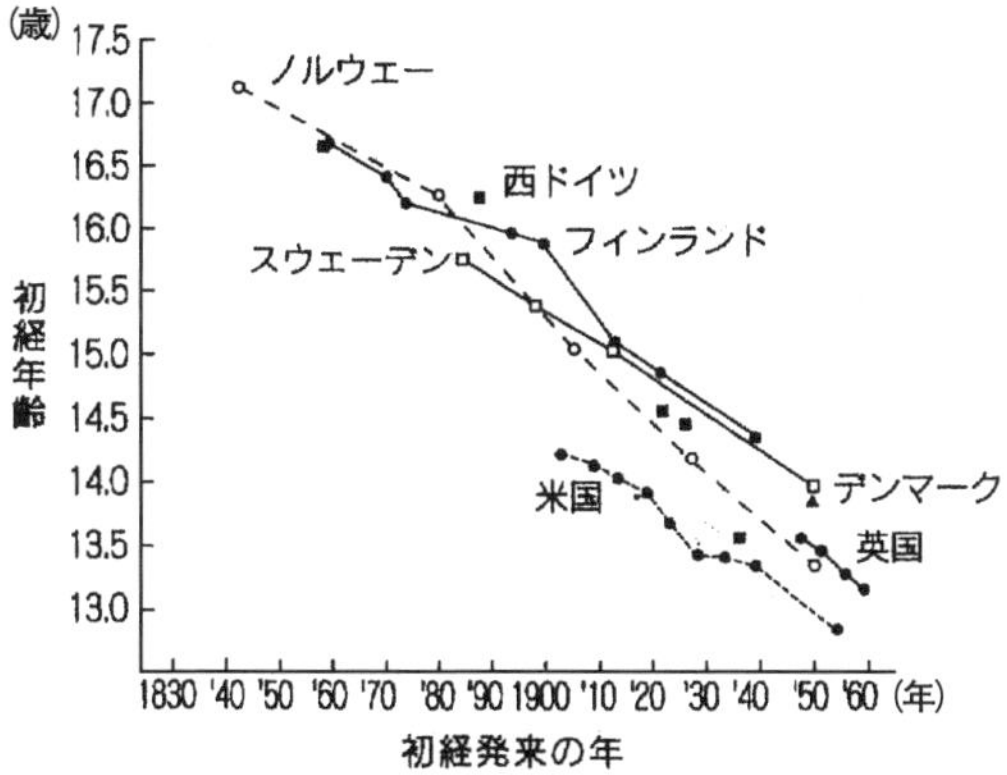

図表10　各国婦人の初経年齢の推移（註（９）松本より引用）

図表11　1960年の志摩の海女の報告（＊は年に2回しか月経のない女性で、夏冬周期であるという）

	大磯人							中磯人						
調査時年齢	22	24	27*	40	41	44	45	28	36	37	39	39	42	45
初潮年齢	17	17	18	18	17	16	17	17	15	18	18	17	15	16
月経持続日数	4	1	3	1~2	2	6	3	3	3	3	3	4	3~4	3

（註(18)額田より引用）

図表12　わが国婦人の平均初経年年齢に関するおもな報告

報告者	報告年度	調査地域	調査対象	調査人員	平均初経年齢
松山	1929	全国	女学生	2,985	14歳2ヵ月
辻	1930	全国	女学生	10,600	14歳3ヵ月
沢田他	1968	全国	小・中校生	447,340	12歳11ヵ月
肥後	1953	旭川	女学生	1,057	14歳3ヵ月
五日市他	1950	盛岡	女学生	1,084	14歳9.96ヵ月
九嶋	1968	東北地方	女学生	1,219	12歳5ヵ月
延島	1954	茨城	高校生	1,189	14歳9.35ヵ月
小畑	1929	東京	女学生	1,532	14歳2ヵ月
田中	1942	東京	女学生	1,618	13歳8ヵ月
四野宮	1959	東京、千葉	女学生	11,060	13歳6ヵ月
広井他	1967	新潟	中学生	1,524	11歳6ヵ月
広井他	1967	新潟	高校生		12歳1ヵ月
渡辺	1951	名古屋	高専学生	1,626	14歳10ヵ月
栗栖	1944	三重郡部	女学生	1,268	14歳0.44ヵ月
栗栖	1941	三重市部	女学生	3,500	13歳9ヵ月
宮田		京都	中・高校生	2,300	13歳11ヵ月
宮地	1967	京都	女学生	2,300	12歳2ヵ月～13歳2ヵ月
河井他	1951	大阪	高校生	7,000	15歳0.5ヵ月
石原	1960	兵庫	中学生	5,322	14.01歳
平野他	1961	山口	高校生	2,297	13歳7.87ヵ月
中西	1952	徳島	女学生	2,785	14歳9ヵ月9日
岩永他	1944	熊本	女学生	15,785	14歳1ヵ月
山田他	1949	熊本	女学生	2,244	14歳3.37ヵ月
三谷	1954	長崎	女学生	3,875	14歳5ヵ月
斎藤他	1952	鹿児島	中・高校生	1,000	15歳0.7ヵ月
八板	1966	奄美群島	中・高校生	2,370	13.79歳
木村他	1962	農村部	中学生	1,966	12歳10ヵ月
木村他	1962	都市部	中学生		12歳7ヵ月
伊坂	1926	大阪	紡績工	1,000	15歳3ヵ月28日
梶川	1931	大阪、東京	紡績工	1,241	15.1歳
岩田他	1934	東京	紡績工	1,130	A＝15.2歳　B＝14.5歳
岩田他	1934	東京	専売局女工	1,030	A＝14.7歳　B＝14.6歳
岩田他	1934	東京	店員	1,021	A＝15.2歳　B＝14.4歳
井上他	1941	日立	女工	1,749	A＝14歳10ヵ月　B＝14歳4ヵ月
井上他	1941	日立	事務員	919	A＝15歳4ヵ月　B＝14歳5ヵ月
古市他	1942		印刷女工	1,493	14歳5ヵ月
藤本	1944	岡山	人絹女工	1,428	A＝15.3歳　B＝14.6歳
鈴木他	1957	千葉	紡績工	1,547	A＝16歳9.83ヵ月　B＝14歳9.62ヵ月
大塚	1908	東京	一般女性	2,829	14歳10ヵ月
山崎	1910	全国	一般女性	4,861	14歳10ヵ月
平沢	1930	東京	一般女性	1,299	14歳9.62ヵ月
前田	1949	鹿児島	一般女性	1,004	14歳2ヵ月
橋口	1952	関東	一般女性	4,328	14歳9.1ヵ月

A：就職後初経者、B：初経後就職者　　（註（9）松本より引用）

図表13　運動選手における無月経・稀発月経の率

グループ	無月経	稀発月経	稀発無月経	報告者
学生陸上競技	×	×	6〜49%	*Felcht* et al. (1978)
ランナー	5.3%	×	×	*Speroff* & *Redwine* (1979)
バレーダンサー	62.9%	×	×	*Frisch* (1980)
水泳およびランニング	60.5%	×	×	*Frisch* (1981)
クロスカントリー	42.0%	×	×	
マラソン練習	2.0%	16.0%	×	*Shangold* & *Levine* (1982)
マラソン練習	3.4%	19.3%	×	*Lutter* & *Cushman* (1982)
マラソン選手	19.0%	×	×	*Glass* et al. (1987)
マラソン選手	50.0%	×	×	*Frisch* (1987)

（註（９）松本より引用）

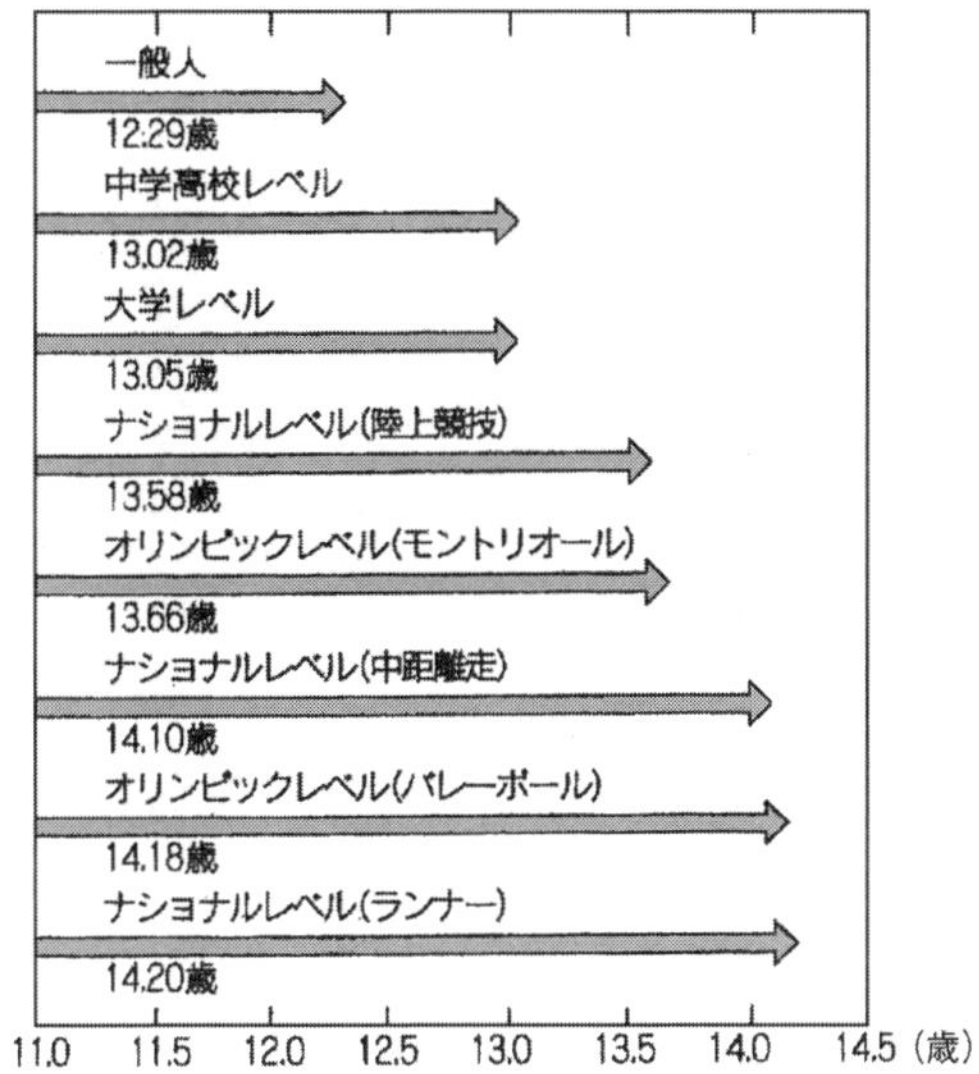

図表14　様々なレベルにおける競技選手および一般人の初経年齢　（註（９）松本より引用）

ることができるのではないだろうか。

月経の持続日数については、現代では、日本女性はなぜか短い女性が少ないといわれているが、図表11の海女の例をみると、かつてはそうではなかったのではないかと思われる。[19] この点についても、鎌田久子が「話者の中には月経持続が昔は今のように長い間(四日～六日)ではなかったという人もあった」と述べており、鎌田の指摘の時点でも長くて四日から六日としている。[20]

月小屋の伝承や血穢などの服忌に関する研究では、月経には七日という数字がついて回っているが、実際の月経期間は短かったのではないだろうか。つまり七日というのは、実際には月経の重い女性ということである。注意深く探していくと、初経の伝承にもこうした点を見いだすことができ、三日で済むように祈るおまじないなどの伝承があり、また月経がわずかの年数で済んでしまったという伝承も残っている。

月経の持続日数については、筆者自身かつては個人差と捉え、気にとめてこなかったが、外国との比較や伝承などによって、単に個人差ではなく、実は社会的・文化的な影響と差異が存在するのではないかと考えるようになった。

第三節　女性の暮らしと身体技法

かつての日本女性は、出産や月経に対峙する文化の型、すなわち文化人類学的には身体技法と言い換えることもできる様々な所作や姿勢を伝承していたのではないだろうか。次に引用する研究においても、女性がある種の身体技法を伝承してきたとしている。[21]

流しの高さを規定してきたのは、そうした社会(地域)の伝統や生活習慣のなかで、女性にふさわしいものとして学ばれた身体技法の型なのである。土間や床上にしゃがんで流しを使った時代や地域において、女性はそれと類似の姿勢で、屋内外の作業をすることが多かった。うずくまる、かがむ、しゃがむ、四つんばいになる―女性たちにとって、こうした姿勢や動作を日常的にくり返しとることが、男性以上にきわめて多かったのである。（中略）炊事・掃除・育児・洗濯など家事労働のどれをとっても、女性にしゃがむ動作を求め、強いていないものはなかったのだ。（中略）農家の女性たちが従事する作業のほとんどが、不自然に腰をかがめておこなう労働で占められていた。（中略）「しゃがむ」あるいは「かがむ」というひとつの身体技法が、女性特有のものとして我が国の社会に伝承されてきたことがわかる。

流しの高さが低いままであったのは、女性のイエでの地位を低く保つための身体技法の役割を果たしたという指摘である。これは近代の西欧諸国を是とした文化観の普及という視点を考慮せずに、ジェンダーの論点で捉えられているが、この言説は、むしろ近代以降の西欧文明普及の視点からまず研究されるべき問題ではないかと考えている。女性の低姿勢が社会的地位をあらわす身体技法であったかどうかは別として、女性たちが低い姿勢を伝承していたという点については同感であり、筆者はむしろ、こうした女性の姿勢は、山や谷が多く平坦な土地の少ない日本の生活環境の中で暮らしてきた女性たちが、自分たちの身体を健やかに保つために選び取ってきた身体技法だったのではないかと考えている。かつての女性は下肢は発達していたといわれ、腰が発達していたという話があるし、また嫁の条件としても、美醜よりは腰の発達していた女性が選ばれたといわれている。こうした下肢の発達がどのように促されたか考えた場合、女性の労働の型や生活様式の型が大きく影響していたと考えられるのである。現代女性の中でも、ももが太いという話をよく聞くし、また膝が出ていて格好悪いという話もよく聞かれる。

こうした姿勢は、かつての女性の宿命として逃れることのできなかった「産む力」を鍛えるために選び取ってきた日本女性にとっての、一つの身体技法であったとはいえないだろうか。

しゃがむ姿勢に関する欧米との文化観の相違については、モースの次のような話がある[22]。

幼児がしゃがむのは普通である。ところが、われわれはいまとなっては、しゃがむことができない（引用者註―オーストラリアの白人はしゃがむ姿勢ができるが、欧州人であるモースはできない）。わたくしは、これはわれわれの民族、文明、社会の不合理であり、弱点だ、と思っている。（中略）思うに、しゃがみ込む姿勢は子どもにはそのまま続けることができる好かれる姿勢なのである。これを子どもから取り上げてしまうのは最大の謬りというものだ。

これは身体技法について説いたモースの論文の一説であるが、欧米人がしゃがむ姿勢を成長とともに排除していく点がよくえがかれている。次にアメリカ人との再婚によって、日本生まれの二女児を連れ子にして渡米した昭和三十年（一九五五）生まれの詩人のエッセーを引用する。日本人が欧米人の生活文化に入っていく過程において、坐る姿勢の違いを文化の違いとして認識している様子が分かり興味深い[23]。

姿勢やおはしの持ち方なんていう、生き方の象徴みたいなくせは、なかなか直らないもんなんです。昔は、親がしゃかりきになって直していたらしいんですけど、私も行住坐臥、いろいろと小うるさく親に言われたなあと思い出しますけど、こうまでいろんな価値観が錯綜した現在です。何をどう教えていいか、はっきり言って、わからなくなっております。他人の生き方なんだから、口出ししなくたっていいのかもしれないとときどき考えます。（中略）どうしてもやめられないのが、「うんこずわり」。（中略）

「お母さん、うんこずわりやめなよ」

学校じゃ誰もしていないんですって。じゃどんな姿勢ですわるのと聞くと、

「あぐらや立て膝かなー」

　あぐらや立て膝こそ、わたしが子どものころは行儀が悪いって叱られたもんですが、ああもう、文化は複雑で、何が何だか。

しゃがむ姿勢を、日本人は生活の一部として無意識のうちに続けているということがよく分かる。こうした坐る姿勢に対する現代の日本人の感覚の変化について、サル学者の正高信男は『ケータイを持ったサル』というベストセラーの中で述べている。正高は、ジベタリアンといわれる、短いスカートをはいた女の子が、下着のパンツが地面に直につくような姿勢で坐っている姿を嘆き、羞恥心のなくなった若者文化の一例として取り上げ、現代の若者がサル化しているといって嘆いている。(24) しかし、この状態は身体技法の視点で捉え直すと、むしろ明治以降の西欧文化の無批判の受容が成功した結果と捉えてもよい現象なのである。サル化しているどころか、日本人がある点においてはより西欧的に、あるいは文化的になってきた証拠の一つとして捉えてよいのである。

　女の子を持つ親たちが、娘の膝の形が悪くなるのを嫌って、畳などの生活を避け、なるべく膝を曲げないように仕付けるという話を聞くことがある。このように仕付けられた女の子は、成長するにつれ、欧米人のようにしゃがむ姿勢が苦手になり、また和式便所も苦手になるのはいうまでもないことである。畳で足を投げ出すのはもちろんであり、ジベタリアンとして立派に成長することであろう。

　日本における身体技法の伝承が、近代においての、地形や環境の異なる西欧諸国で培われた文化の無批判な受容により、表面的に廃れつつあるということである。明治以降の欧米の生活様式の輸入によって、和式から洋式へ、表面的には生活様式が変化したようにみえる。しかし日本女性の生活様式が本当に欧米並みに変化したのかという点については、一考の余地がある。つまりジベタリアンの問題など、ある面においては変化している点もあるが、姿勢や歩き方・坐り方などがトータルに変化したのかという問題である。この点については、欧米人と日本人を観察していて気付くだけで、まだ具体的に検証しているわけではないが、簡単には、歩き方は異なったままのようである。前述した坐る姿勢で膝を曲げるか曲げないかという姿勢は、実は歩き方にも通じている。欧米人は腰歩行といわれ、日本人は膝歩行ともいわれる歩き方の違いに現れている。(25) 近代以降日本人は、欧米の表面的なライフスタイルを輸入したが、ライフスタイルの根幹をなす身体文化までは、完全に輸入できなかったようである。日本女性の膝歩行については、ミュールといわれるサンダルを履いた時の靴音の問題や、妊婦の腹帯の問題とも、関わってくるのではないかと考えている。(25)

日本的な所作の衰退は、明治以降徐々に進むが、これは第二次大戦後加速したと考えている。つまり戦勝国の文化を真似ることによって、生活様式が和風から洋風へ代わり、高度成長期を境に一変したのである。この時期に、出産場所は自宅から病院に移り、月経処置にはナプキンが開発され、日本製ナプキンはその後世界一の品質といわれるほどに改良が進む。この時代に女性から女性へと受け継がれてきた身体に関する伝承がばっさりと切り捨てられていく素地が形成され、実践されていったのである。

前述したが、子宮の収縮によっておこるという点では、月経と出産は同じはたらきを持ち、月経とは時に受精のない流産ともいわれる。つまり出産を軽くするための身体技法は、月経にも作用したと考えられるのである。現在では、月経の状態は個人差としか捉えられておらず、あきらめている状況が多い。しかし、かつては出産を軽くし、産む力を鍛えるための身体技法が伝承されており、結果として月経にも作用したのではないか、というのは考えすぎだろうか。

初経年齢低下の要因については、文化や生活水準、栄養状態の向上、また性的刺激など様々にいわれている。こうした一方で、スポーツ選手は、その運動量によって初経年齢が遅くなるということもいわれている。競技年齢が低年齢化すると、生殖機能を獲得するための第二次性徴の時期にハードトレーニングを行うことになり、その結果、初経の発来が遅くなり、若い時から過度にスポーツをすると色々な発達・発育障害が出てくるというのである。スポーツをしている少女の月経は遅くなるといわれている一方で、現代の子どもたちは運動能力が低下しているともいわれ、肥満の少女の場合は月経早発の傾向があるなどともいわれているのである。

民俗調査で、戦前生まれの女性の話を聞く時、初経は十六、七歳、あるいは十八〜二十歳など、現代の十〜十二歳とくらべて六〜八年くらい遅かったという話が聞かれる。現在の日本は世界でも類をみない長寿国になっているが、その礎となっている女性たちが育った社会背景を、社会や文化水準、栄養状態が現在とくらべて格段に悪く、発育障害であったと捉えるのは、あまりに一元的ではないだろうか。日本では、ヨーロッパ諸国よりも初経年齢が低下しているのではないかともいわれているが、今後こうした点についても様々な角度から検証する必要を感じている。

第四節　今後の展望と課題

最初に結論を述べたので繰り返しになるが、もう一度、結論とともに今後の課題を提示しておきたい。

かつての日本女性は、「うずくまる」「かがむ」「しゃがむ」「四つんばい」になるといった姿勢が男性以上にきわめて多かったとされ、女性にしゃがむ動作を求め、強いていないものはなかった、とまでいわれている。そしてこうした姿勢は男性によって女性にもたらされていたという主張がある。また「女らしさ」や「女のたしなみ」という所作や行動様式が女性に要求されていたといわれることもある。しかし、今後はこうした解釈を再検討する必要がある。

かつての日本女性に強いられ、実践されてきた、現代社会からみれば、実に非効率的で、また女性の地位を低からしめたとされる労働姿勢や所作は、実は日本女性の身体機能を向上させるための身体技法として機能していたという一面を持っており、こうした身体技法が実践されていた時代には、出産や月経は軽かったと考えられるからである。出産も月経も、社会的・文化的影響が大きく、単に栄養状態の問題だけではなく、身体の発達との関連で捉えるべきで、ある程度の運動、かつての家事や労働の範疇であったと考えられる生活様式の及ぼした影響について考慮する必要がある。

性別役割分業など、女性に労働だけではなく、家事が押し付けられたとされる主張が多く、こうした点についての調査報告や研究はほとんどないため、本章では、大方は推論となってしまったが、今後、調査などの際に注意していきたい。かつての労働環境や日常生活と分娩姿勢や月経との関係について、シャドウワークやジェンダーの視点からのみ捉えるのではなく、女性の身体文化として研究を行うべき時期に来ていると考えている。

予防医学などといわれて久しいが、女子の初経が無制限に早くなることを予防するための運動や所作についての研究、また月経を軽くするための所作や運動、食事方法など、今後、女性のライフスタイルをトータルに研究し、考えていくことのできる問題が、まだまだたくさん残っているのである。

註

（1）「特集　出産と生命」『日本民俗学』二三二号　二〇〇一年
（2）川田順造『西の風・南の風』河出書房新社　一九九二年　一一二、一一三頁
（3）「宮田登と沖浦和光の対談」『ケガレ』解放出版社　一九九九年　二〇七頁

（4）日本人類学会進化人類学分科会公開第七回シンポジウム「出産の進化と歴史―分娩をめぐる身体・他者・制度」報告要旨　河合香吏「はじめに」二〇〇二年(http://anthro.zool.kyoto-u.ac.jp/evo.anth/sympo.html)

（5）こうした現代女性の出産を「都市型難産」とよぶことがあるという(松岡悦子『出産の文化人類学』海鳴社　一九九一年　一二四頁)。

（6）杉山次子編集責任者『産屋やしない草』産科文献読書会　二〇〇〇年　二三頁

（7）長谷川まゆ帆『お産椅子への旅』岩波書店　二〇〇四年　五頁

（8）日本を対象とした分娩に関する研究においては、安産のための労働という伝承には、労働力としての女性という捉え方が厳然として存在し、安産のための身体技法という視点は欠如している(前掲註(5)一二三、一二四頁など)。

（9）月経に関する医学的研究については、松本精一『日本女性の月経』日本性科学大系Ⅲ　フリープレス　一九九九年による。

（10）かつては月経用品の作製や始末、また所作に気を付けるなど、母から娘へあるいは女性から女性へ何らかの伝承があったはずであるが、使い捨て生理用品の発売以降、極端な場合、初経以後お金を渡すだけで事足りるようになってしまい、母から娘への伝承が途絶えてしまった。

（11）『ハンディ赤本家庭の医学』保健同人社　一九九七年

（12）最近では、三日という数字も消え、四〜七日という記述もみられるようになった(生活協同組合マイコープ『わいわい』第一三〇号　二〇〇六年　七頁)。

（13）一九九〇年に、すべての年代にわたる二万七〇〇〇名の日本女性を対象として行われた「月経に関する意識と行動の調査」による(前掲註(9)　五二頁)。

(14) 筆者が二〇〇五年に東京の女子大生に行ったアンケートである。回答数24のうち、回答のあったものをデータとして示した。具体的な年齢を忘れている場合もあり、学年のみの回答もあった。また無記名で行ったため、数名の中国や韓国からの留学生の数字を含んでいる。
(15) 三砂ちづる『オニババ化する女たち』光文社新書　二〇〇四年。同『昔の女性はできていた』宝島社　二〇〇四年参照。
(16) 鎌田久子「小さな布きれ」『女性と経験』一三号　女性民俗学研究会　一九八八年　三一、三二頁。同「南島生活誌―月事のこと」『女性と経験』復刊一号　女性民俗学研究会　一九七六年　も参照。一連の論考は、『女性民俗学入門』青蛾書房　一九九〇年　に所収されている。
(17) 文化庁編『日本民俗地図』Ⅴ　国土地理協会　一九七七年
(18) 額田年「海女」『日本民俗文化資料集成』第四巻　三一書房　一九九〇年(初出は一九六一年)
(19) 筆者は近世の事例として、俳人小林一茶の日記『七番日記』を素材として、一茶の妻「菊」の月経と出産の記録について分析し、農村女性であった菊の月経持続期間は二、三日と短かったのではないかと結論を出した(本書、第三部第三章　参照)。
(20) 前掲註(16)　鎌田　一九八八年　三一頁
(21) 天野正子「流し」『「モノと女」の戦後史』平凡社ライブラリー　二〇〇三年　二〇一～二〇五頁(原著は、一九九二年に有信堂刊)
(22) マルセル・モース　有地亨他訳『社会学と人類学』Ⅱ　弘文堂　一九八九年　一三六、一三七頁
(23) 伊藤比呂美『伊藤ふきげん製作所』新潮文庫　二〇〇〇年　一二八～一三一頁

(24)　正高信男『ケータイを持ったサル』中公新書　二〇〇三年

(25)　香原志勢等『からだ』弘文堂　一九七四年　四五〜四八頁

(26)　日本人は膝歩行といわれており、女性の歩き方を観察すると、膝を中心として歩く女性が多いようであり、歩く時に腰が安定せず左右に前後して動いている人も少なからず見受ける。こうした歩き方の女性の場合、妊娠してお腹が大きくなると、歩行の際にお腹も少なからず左右に動くように思われる。これに対して欧米人は腰歩行といわれ、歩く時の女性の腰は安定しており、動かないため、妊娠しても安定した腰の上にお腹があるだけで、歩く時に左右に揺さぶられることはないようである。

第一部　月経

第一章　月経の歴史

はじめに

日本女性の月経についての歴史的研究は、史料的な制約が多いためか、近世を含めそれ以前については、史料による確認のとれない推測がまかり通っている現状がある。(1) また民俗学や文化人類学では、月経に関する研究は、その有無に関する伝承もさることながら、人生儀礼や血穢・神秘性の側面から論じられることが多かった。血穢の場合、出産とセットで研究されることが多く、月経は二次的な扱いを受けている。こうした研究からは、別火や別屋、漁業の禁忌など、女性の隔離・規制される一面はみえてくるが、もっとも長い時間であるはずの昼間の生活の実態や具体的な手当ての方法はあまりみえてこないのである。そして月経とは初めから「秘すべき・恥ずべき・忌むべき」ものであり、現代ではこの観念から解放されたとする言説がまかり通っている。

本章においても史料的な制約は否めないが、これまでの月経に関する研究について見直し、新たな資料を加えて考察し、とくに月経の名称の変遷について見直してみたい。本章のタイトルには月経という言葉を用いたが、現在では「生理（せいり）」という言葉が一般的であり、月経時に使用される手当用品は、「生理用品」といわれている。こうした用語の変遷は、月経観の変遷に最終的には結び付いてくるものと考えている。そこで、本章では、史料用語や民俗語彙以外では、基本的には「月経」という言葉を、初めての月経は「初経」という言葉を用いることにする。
　女性の身体に月に一度おこるこの現象は、どのように表現されてきたのであろうか。

第一節　古代から中世の月経の名称と意識

一　『古事記』

　女性の体に月に一度おこる現象について記されたもっとも古い記録は『古事記』である。[2]『古事記』の成立は和銅五年（七一二）とされるが、現存伝本では、真福寺本の応永四年（一三七一）に書写されたものがもっとも古いとされている。『古事記』中巻には、倭建命の東征についての記録があり、その帰途、倭建命と婚を約した美夜受比売との「御合」の場面、つまり酒宴並びに結婚の場面が描写され、その中に「月経」についての表記がみられるのである（以下、引用文中の傍線は筆者によるものである）。

　其美夜受比売、捧二大御酒盞一以献。爾、美夜受比売、其、於二意須比之襴一、（意須比三字以レ音）著二月経一。故、見二其月経一、御歌曰、

　ひさかたの　天の香具山　鋭喧に　さ渡る鵠　弱細　撓や腕を　枕かむとは　吾はすれど　さ寝むとは　吾は
思へど　汝が着せる　襲衣の襴に　月立ちにけり

爾、美夜受比売、答二御歌一曰、

　高光る　日の御子　やすみしし　我が大君　あらたまの　年が来経れば　あらたまの　月は来経行く　うべな
うべな　君待ち難に　我が着せる　襲衣の襴に　月立たなむよ

故爾、御合而、　　（傍線筆者、以下同じ）

帰還した倭建命に、美夜受比売が大杯を捧げ持って献上するが、その時に比売の着衣である「意須比（襲衣）」の裾に月経があらわれているのを倭健命が発見し、歌に詠むという場面である。歌の原文は万葉仮名で、傍線部は「那賀祁勢流　意須比能須蘇爾　都紀多知爾祁理」と表記され、また比売からの返歌にも「和賀祁勢流　意須比能須蘇爾都紀多々那牟余」と詠まれている。本文中の「月経」をどのように訓じるかという点については、「つき」「さはり」「つきのさはり」など諸説ある。ただ「つき」と読むのは、万葉仮名で書かれた歌の中に「都紀」と詠み込まれていることを指摘し、つきと読むべきであるという解釈で、「さはり」や「つきのさはり」という訓は、後世の月経の訓による解釈である。美夜受比売の月経については、『日本書紀』には記述はないが、熱田神宮の縁起を記した『尾張国熱田大神宮縁記』には、「彼媛所レ着衣裾、衣裾此云二意須比一。染二於月水一」とあり[3]、同縁起では、美夜受比売は宮酢媛に、月経は月水に変っている。このの ち倭建命と美夜受比売は御合し、草那芸剣を比売のもとにおいて伊吹山の神を討ちに出掛けるのである。

また下巻には、雄略天皇の宴において打ち首になりかけた伊勢の采女が、その原因となった「槻葉」を歌に詠みこんで許されているが、槻葉は、槻の木の葉をあらわすとともに月経をも意味しているという説もある[4]。

二　平安時代の文学作品

平安時代の文学作品には、様々に月経が描写されているが、登場人物の妊娠に気づく場面で描かれていることも少なくない。

平安時代中期に成立したとされる『うつほ物語』「俊蔭」において、頼りになる身内が死んでしまい、亡くなった乳母の下女であった老女と二人で暮らしていた女の身体の様子がいつもと違うことに下女が気付き、妊娠について確認した場面である(5)。

嫗にはな隠したまひそ。嫗ははやうよりさは見たてまつれど、さも聞こえざりつるなり。御あだをば知りたてまつらじ、いつよりか、御穢れは止みたまひし、いと近げになりたまふめるを、のたまへ。いかでか御設けせざらむ」。いらへ、「あやしくもいふかな。われはいかがはある。例することは、九月ばかりよりせぬ。されど、なほさあるにこそあらめとて、ともかくも覚えず」といへば、嫗、「さらばこの月たたむ月にこそおはしますなれ。あないみじや。かかる御身を持ちたまひて、今まで知りたまはざりけるはかなさ。

ここでは前々から妊娠に気づいていた下女が、出産予定を確認するために、最後の「御穢れ」はいつかと問い、女は「例すること」は九月ごろからとまっていると答えている。そして出産は今月か来月のことと確認し、身重になっても気づかないでいられるほどに世間知らずな女のことを心配している。

『蜻蛉日記』中巻では、作者藤原道綱の母が、天禄二年（九七一）六月に鳴滝般若寺に詣で、寺に滞在している間に月経が始まっている(6)。

穢れなどせば、明日明後日なども出なむとするものを、と思ひつつ、湯のこと急がして堂に上りぬ。

（中略）

かくてほどもなく、不浄のことあるを、出でなむと思ひおきしかど、京はみなかたち異に言ひなしたるには、いとはしたなきここちすべしと思ひて、さし離れたる屋に下りぬ。

京より、叔母などおぼしき人ものしたり。「いとめづらかなる住まひなれば、静心もなくてなむ」など語らひて、五六日経るほど、六月盛りになりにたり。

（中略）

かく不浄なるほどは夜昼のいとまもあれば、端のかたに出でゐてながむるを、

（中略）

さて、五日ばかりにてきよまはりぬれば、また堂に上がりぬ。日ごろものしりつる人、今日ぞ帰りぬる。

京を離れて山寺に来たものの、月経になればすぐにでも京に戻ろうと思っていたところ、数日過ごすうちに月経になった。しかし当初考えていたように京には戻らないで、寺から離れた建物に下りて過ごし、五日ばかりで終わるとまた寺に戻ったというものである。月経のことを「穢れ」「不浄」などと表現し、終わったことを「きよまはりぬれば」と表現している。

正暦・長徳（九九〇〜九九）ごろの成立とされる『落窪物語』にも、継母にいじめられている主人公落窪の君の月経の場面が描写されている(7)。

巻之一では、主人公が家族の石山詣に一人取り残される折に、侍女までも連れていかれそうになるところを、侍女本人が機転を利かせて残ることができたというくだりである。

おのが君のただ一人おはするに、いみじく思ひて、「にはかにけがれはべりぬ」と申してとどまれば、「よにさもあらじ、かの落窪の君一人おはするを思ひていふなめり」と腹立てば、「いとわりなきこと。よく侍るなり。さぶらへとあらば、参らむ。」

落窪君一人をおいて、侍女のあこぎまで妹君に従って石山寺に行くように命じられるが、侍女は落窪君が「にわかにけがれはべりぬ」といって突然月経になってしまったことにして、家に残ることができたのである。

巻之二では、継母の計略により、典薬助という好色な老人と無理矢理結婚させられそうになる場面で、機転を利か

せた侍女のあこぎが姫君の状態を「今日は御忌日なるを、何か疑ひあらむ」と典薬助に伝えて立ち去らせ、姫君には「かうかうのことはべるなり。さる用意せさせたまひて御忌日となむ申しつる。いみじくそはべれ」と伝えて、「御忌日」という言葉で月経中であることをあらわし、危機を乗り越える。しかし、やがて夕方になり姫が泣き続けているところへ、再びやってきた典薬助を継母が招き入れてしまう。そこへあこぎがやってきて「「今日は御忌日」と申しつるものを、心憂くも入りたまひにけるかな」と、月経中といっておいたにもかかわらず、いやらしくも入ってしまったのですねといって退けようとするが、なかなか遠ざけることができないままに、姫が苦しみ泣き続けているのを見兼ねて、「御焼石あてさせたまはむや」と、温石という体を温めるものを典薬助に探してくるようにお願いして立ち去らせた。しばらくして身の不遇を嘆いている姫のもとに翁は温石を持って帰り、装束を解いて横になり、姫を抱き寄せようとした。姫は「かくなしたまひそ。いみじくいたきほどは、起きておさへたるなむ。少しやすまる心地する。後を思さば、今宵はただに臥したまへれ」と、すごく痛む時は起きて押さえている方が楽なため、抱き寄せたりしないで、後々のことを考えて、独り寝して欲しいと伝えている。そこであこぎも「今宵ばかりにてこそあれ、御忌日なれば、なほただ臥したまへれ」といって、典薬助に独り寝するように諭した。「さもあることと思ひけむ」と、翁はそういうこともあると考え、横になった自分に寄りかかるように姫にいうと、姫はいやいやながらも寄りかかって泣いていた。

「御忌日なり。今宵過ぐしてと、正身ものたまひし、いみじく惑ひたまひしかば、やをらただ寄り臥しにき。後の夜、せめそさむと思ひて、まうで来てあくるに、内ざしにして、さらにあけぬを

典薬助は翌日、無理矢理にでも姫と同衾しようと出掛けたが、戸は閉まっていて開けることができず、継母の計略は失敗に終わったのである。

ここでは繰り返し「御忌日」と称して月経中を装っており、また体を温めるためといって温石を手に入れ、月経痛

を装っているような場面もみて取れる。月経を穢れとはいうものの、好色な老人は血の穢れをも厭わない様子がみて取れる。

寛弘五年（一〇〇八）生まれの菅原孝標女の作とされる『夜の寝覚』にも記述がある。(8) 巻一において、女主人公の妊娠が知られる場面において「この三月ばかりはれいのやうなることもなく、おのづからとれて見ゆる御乳の気色などを、御方は見たてまつり知りたまふに、すべて言はむかたなし」と、ずっと病臥していたが、祈禱などの甲斐あって少し良くなってきたところ、三月ほどは、いつもの月のものもなくなり、自然と襟元からのぞかれる乳房の色によって、妊娠の兆候をみて取れるのである。

原作（古本『とりかへばや物語』）が散逸し、後世に改作された今本『とりかへばや物語』にも月経についての記述がみられる。(9) 古本の成立年代は、天喜三年（一〇五五）以降とされ、今本に関しても十二世紀後半、院政期の後白河院以降、鎌倉期初期の『無名草子』成立以前とされており、鎌倉期に入る直前の作品とされる。物語の内容は、腹違いであるが、瓜二つの若君と姫君が、その正反対の性質により男女入れ替わった異装の姿で成長し、男は美貌の姫君として、女は男として出仕し侍従として活躍するという物語である。

巻第一では、女は男として中納言の位について活躍し、ついには姫君と結婚するまでにいたるが、外見だけの夫婦生活を送る。実際の身体は女性であるため、成人して後は月に一度の月経という生理現象からは逃れることができず、その時ばかりは身を隠す生活を続けていた。

また、懸想がましくゆき戯れたる気色、はたゆめになく、大殿、内裏の御遊びなどよりはことなる夜離れなどもしたまはぬを、ただ、月ごとに四五日ぞ、あやしくところせき病の人に見えでつくろふべきにはあらぬを、「物の気におこる折々のはべれば」とて、御乳母の里にはひ隠れたまふぞ、いかなることぞと心置かるるふしにはありける。

毎月四、五日は、見苦しく煩わしい病で、人にみられずに処置するわけにもいかないので、「物の気のために具合が悪くなる折々がございますので」といって、乳母の実家に身を隠しているのである。ここでは月経の状態を「月ごとに四五日ぞ、あやしくところせき病の人に見え」と描写し、月経のある身、つまり女であることを隠すために、月に四、五日の間は乳母の実家に身を隠しているのである。

また巻第二では、男に身をやつしていることを、妻の不倫相手である宰相の中将に知られてしまった上に、身を許してしまう。そして「例の月ごとの起ることのあるにより乳母の家の六条わたりなるにはひ隠れてものしたまふに、宰相はたづね来にけるものか」と、いつもの月経のために乳母の家に出掛けていくと、宰相がそこへも訪ねてくるのである。ここでは月経を「例の月ごとの起こること」としている。

いと心やすき所なれば、うち重ねて臥し、よろづに泣きみ笑ひみ言ひ尽くす言の葉、まねびやらん方なし。明くるもしらず、もろともに起き居つつ見るに、近づくべくもあらずあざやかにもてなしすくよかなるこそ雄々しかりけれ、（中略）臥し起きいと思うふさまに胸あきて、例籠り居たまへるほどよりも多く過ぎゆくに、

そして穢れを気にせず共寝しているうちに、いつも籠っている日数よりも多くの日が行き過ぎていってしまうのである。その結果として「かくのみするほどに、十月ばかりより音無しの里に居籠ること止まりて、心地例ならず」と、妊娠にいたってしまい、月経のために籠ることもなくなるのである。

また、平安時代中期の歌人和泉式部が熊野詣の途次、熊野まであと一時間という伏拝王子附近までやってきて月経になってしまい、参詣が叶わないために悲しいという気持ちを詠んだとされる歌が室町時代の勅撰集『風雅和歌集』に残されている。

晴れやらぬ身のうき雲のたなびきて月のさはりとなるぞかなしき

是は和泉式部熊野へまうでたりけるにさはりにて奉幣かなはざりけるに

もろともに塵にまじはる神なれば月のさはりも何かくるしき

とよみてねたりける夜の夢につげさせ給ふ

参詣が叶わないことを歌に詠んだ式部の夢に熊野権現があらわれて返歌し、熊野権現は月のさはりもいとわない神であるといい、この夢によって式部は無事熊野詣を果たすことができたというのである。和泉式部の歌と熊野権現の返歌には「月のさはり」と記され、また選者は「さはり」としている。この熊野権現の歌はまじない歌として、神に仕える女性たちが、神に仕えている最中に突然月経になった時などに唱えると、穢れなおしになったといわれており、「対馬の命婦さん」といわれる巫女なども、「(不時に身上にけがれの恐れに唱ふべし)世の中のちりにまじはる神なれば月のさはりになにかくるしき」と、ほぼ同じような言葉で伝承していた(10)。

これらの文学作品を通していえることは、妊娠の確認として、月経について記述しているものが非常に多いということである。『古事記』の時代には倭建命と美夜受比売のように、同衾している、あるいは同衾してかまわないといった様子や意識がみて取れる。また月経を、けがれやさわり・不浄などといい、寺社参詣を避けている様子はうかがえるものの、好色な老人は同衾をしてもかまわないといった様子がみられ、後世の血の穢れに対する認識とは、少し異なっていたようである。

三　事典、医学書、神宮の服忌令

承平年間(九三一～九三八)に成立した『倭名類聚抄』では「月水　針灸経云月水不通則灸気血」と漢語を掲出し、

『針灸経』では、月経が始まらない時には、気血に灸を据えるとしており、万葉仮名で月水を「俗云佐波利」と和名を付している。(11)

平安時代に丹波康頼によって撰集された医学書『医心方』（永観二年〈九八四〉成立）には、様々な病気とその治療法が記されており、その中に月経についての記述がみえる。(12)『医心方』は、中国の医学書から抜粋した記事を撰集したものであるが、後世の日本で使用されている言葉と同じものをみることができる。先ず巻七第六章に「経月」とあり、巻二十四第一章では、「治無子法」において、子どもができない原因は月経にも異常をもたらすとしており、「月経」「不和経血之行」という語や一文がある。また同第二章では、妊娠にあたっての注意の中で「月水」と記されている。巻二十六第五章には、妻の嫉妬をやめさせる方法の中で「月布」という記述がある。巻二十八第十六章では、「月経不利」といって、女性の月経不通の治療法があげられている。また同第二十四章には、月経中の交接の害についての記述があり、「月事」と記されている。

鎌倉時代末の伊勢神宮の服忌令注釈書である『文保記』には、触穢の一つである月経についての記述があり、多くの先例とともに詳述している。(13)

一婦人月水。付血気禁忌等事。

月水七ヶ日。但血気未レ止者。不レ限二七日一。血気止経二二ヶ日一之後。三ヶ日之精進終而免二参宮一也。（中略）月水精進事。譬者一日成二月水一。女性迄二五日一有二血気一。六日血気止之間。八日過之後。十一日免二参宮一也。但十日迄宿館参無二苦見一。浴レ塩之條無二定法一歟。（中略）古老口実抄行忠撰云。月水女七ヶ日以後。三ヶ日潔斎。第四日参宮無レ憚云々。雖レ然斎内親王御月事。延久四年六月九日有二御月事一。十五日満七日也。同十六日御参宮。（中略）建長七年十二月十五日有二御月事一。同二十二日御参宮也。雖レ依二上下一。不レ可レ依レ人。古レ與今其法若異歟。但斎内親王御事者。難レ准二凡人一。(中略)又仮令成二月水一女性。経二一両日一之後。雖二血気止一。於二七ヶ日一者忌レ之也。次七ヶ日以後過明。又七ヶ日之内。只一度有二血気一。号二又出一。是者中二ヶ日過明也。是雖レ無二指所見一。近代如レ此忌来也。血気及二度々一非二此限一。又可レ忌二七ヶ日一也。

ここでは月水と記され、月水の期間は七日を基準として、その後三日の精進潔斎を行い、十一日目には参宮が許されるとしている。月水が七日より短い場合でも、七日間を目途にし、十一日目に参宮が許されるとしており、また七日以上の場合には、止まって後三日の精進が終われば参宮できるとしている。

そして斎内親王の月経と参宮に関する事例として、延久四年(一〇七二)、天養二年(一一四五)、建長七年(一二五五)の記事を取り上げている。斎王は月水開始満七日の翌日に参宮しており、身分の上下において違いがあってはならないが、古今でその規定が異なるか、あるいは斎王と凡人とではなぞらえがたいとしている。

宝亀二年(七七一)二月十一日の明法博士大江朝臣の見解では「仮令甲女人之月水者。彼甲一人之穢也。甲畢後。更尚三日忌可清矣云々」とあり、甲という女性が月水になった場合、穢れは甲一人のものであり、終わって後さらに三日慎んで忌が明けるとしている。同書には縄を引いた別屋についての記述などもみられる。

有職故実書『北山抄』の延喜十四年(九一四)の斎王・斎院についての記事には、「斎王有月事、依斎宮例、不参祭」とあり、斎王は月経期間中には祭儀につけない旨の記載がある。『大神宮諸雑事記』永承三年(一〇四八)九月十五日に「斎王俄御汗」のため御汗殿に移坐という記載があるが、御汗とは、忌詞で血を阿世(斎宮式)というのに符合し、月経のことを指しているという。また同四年六月には「月障」という記事がみえる。『中右記』などにも斎王・斎院の月事の忌憚の記載が散見される。『玉葉』の承安二年(一一七二)九月にも「月水女忌事」という記録がある。[14]

中世の『西宮記』『簾中抄』『拾介抄』などの史料をみても、概ね同じように月水・月事・月障などと記されている。

『永正記』は伊勢神宮の服忌令注釈書のため、『文保記』の記事に近い記述となっている。

第二節　近世の月経

江戸時代に入ると様々な記録がみられるようになるが、まず『和漢三才図会』(正徳三年〔一七一三〕刊)では「月水」と掲出し、「つきのさわり」と訓じ、「和名は佐波利」と付し、ほかにも天葵《てんき》・月経・経水・月事・月信という言葉も併記した後、中国の『本草綱目』(万暦六年〔一五七八〕刊)を引用している。(15)

時珍曰く、女子は血を以て主と為し、其血上に太陰に応じ、下海潮に応ず。月に満欠有り、潮に朝夕有り。月事も一月に一行故、月水と謂う。(中略)女子は二七にして天葵至り、七七にて天葵絶ゆは、其常也。

女の月経は月の満ち欠けと潮の満ち引きに通じ、月に一度としている。そして二七すなわち十四歳で初経があり、七七、四十九歳で閉経するとし、女は、七の倍数によって支配されると考えられていた。また『医道日用重宝記』(享保八年〔一七二三〕刊)などにも月経という言葉が記されている。

弘化四年(一八四七)刊の『本草綱目啓蒙』では、「婦人月水」と掲出し、「さはり」「つきのみず」と読みを上げ、経月・入月・月浣・月汛・丹的・玄的・姅変・水中金・月露などと、別名を出典とともに併記している。(16)そして「女子始めて通ずる月水を紅鉛と云」とし、ここでは、初経を紅鉛といっている。初経については、川柳などをみると「初花(はつばな)」などともいわれており、「初花に血止めを付けて大笑い」といって娘の無知を笑った川柳などもある。『俚諺集覧』には、「初花。花を濁呼、女の初めて月事になりたるを云」とある。

本居信長は『古事記伝』において、前述の『古事記』の美夜受比売の月経に関して、月経の訓についての解釈を述べた上で、「障と云も、穢と云も、月水の出ることを云る称にして、正しく其物を指して云るには非ず、されば、佐波理着きたりなど云むは、いかにぞや聞ゆ、故今は姑く佐波理能母能と訓つ、又は佐波理能知とも訓べし、知は血なり」と述べている。月経や月水という言葉は、経血自体をさしており、「佐波利能知」(サハリノチ)あるいは「佐波利能母能」(サハリノモノ)と訓じる方がよいとし、障や穢というのは経血が出る状態をさしており、分けて解釈するべきであると述べている。[17]

八丈島を中心とした伊豆諸島の地誌などについて書き留めた近藤富蔵の『八丈実記』には、月経についての記載が多くある。月水の婦人の処遇として、家の外に月水のための別棟があるとしている。そして「月水(さわり)」の異名として、経候(つきやく)・紅潮(つきのさわり)・入月(つきやく)・天葵(つきのさわり・つきやく)・月役・月事(つきのさわり)・経水といった言葉をあげ、訓も付しており、ほかにも「他屋二成」「婦人共月々不浄之砌」「婦人共不浄之他家」といった表現も記録されている。

近世の随筆や川柳・艶本などには、さらに多彩な表現がみられ、月役・月の物・お馬・穢・差合・障などと記され、月経前の腹痛や腰痛などについては、月虫・月水虫・障虫などと表現され、「さわりむし」と訓じている。ほかにも、様々な地方名称があげられるが、それは後述する民俗語彙と重複するものが多い。

以上のように江戸時代までには、天葵・月経・経水・月事・月信・経候・紅潮・入月など、中国からの影響か、月経のほかにも様々な表記や呼称、また地方名などもみられるようであるが、一般的には月水と記されることが多かった。そして漢字表記は様々であるものの、読みは「さわり」あるいは「つきのさわり」などと訓じるのが一般的だったようである。

そして明治維新によって西洋医学がもたらされると、医師の奥山虎章が『医語類聚』(明治六年〔一八七三〕刊)にドイツ語のメンス（menstruation メンストレイション）の訳語として「月経」という言葉を採用し[18]、以後「月経」は医学用語として正式名称となり、一般化し、社会に普及していったと考えられる。

第三節　民俗語彙と近・現代の月経名称

一　民俗語彙

近代以降、一般的には月経と表記されるようになるが、地方名が多くあり、多くの民俗語彙としては、初経はハツシオ・ハツハナ・ショチョウ（初潮）などといい、また伊豆諸島のウイデ・ハツタビ・ハツカドなども知られている。通常の月経については、近世の史料にもみえるツキヤク・ツキノモノ・オキャク・テナシ・サシアイ・エンコウ・テオケバンなどの語彙のほかに、チ・メグリ・チボク・オナヒゴンビョウといった言葉や[19]、ベツヤになる、ブンヤになる、コヤンボー、コヤス、ベツ、ヒガワルコナル、ヒマエ、ヒマヤといった、別屋や別火を表す言葉の使用をみることができる。また不浄観により月経をあらわす言葉を口にすることを避ける習俗もあり、八丈島では「正月ハ名サエモ猶忌ンテ、糸引ニ出ルト云ヘリ」、「正月廾ニ式日ニ出ルハムカシハ糸引ニ出ルト云フ」というように[20]、正月や式日には月経という言葉を避け、糸引きに出るといえば、月経のことをあらわしたという。

「月経」や「月経期間」「月経中の人」という言葉を区別しないで同じ言葉であらわしているというが、月経に関する名称をみると、月経に関して直接的な言葉を口にしないで、比喩的に表現しているものが数多くある。表は、棋垣実の『日本の忌みことば』より、月経に関する表現を抜粋したものである。

月経名称一覧表

	名称		地域
初潮	ウイデ	初出	八丈島（八丈実記）
	ハツタビ	初他火	八丈島・青ヶ島
	ハツカド	初門	大島・三宅島
月経	アカウマ	赤馬	伊賀（国誌）
	アカブク	赤服	宮古島
	イトヒキ	糸引	八丈島（一話一言）
	インキョ	隠居	鹿児島県肝属郡
	エンコボ	猿猴坊	武蔵（国誌）
	エンコボー	猿猴坊	安房（国誌）
	オキャク	お客	広島
	オキャクサン	お客	京都・奈良・和歌山県日高郡・和泉・香川県広島・島根県耶麻郡・宮崎県延岡市
	オツキサン	お月様	兵庫県赤穂郡
	カゲ	蔭	広島県走島
	カリヤ	仮屋	志摩（国誌）・長野県諏訪郡・三重県度会郡
	キリビ	切火	志摩（国誌）・三重県度会郡
	クセ	癖	青森県上北郡
	ケトウ		新潟県岩船郡山北村
	コエ	小家か	島根県八束郡
	ゴザウチ	茣蓙内	島根県鹿足郡
	コヒ		島根県八束郡
	コヤ	小屋	静岡県志太郡・愛知県北設楽郡・同県南設楽郡
	コンエ	小屋	香川

月　経		
サシアイ	差合	江戸(物類呼称)
サワリ	障	江戸(物類呼称)・愛知県碧海郡(碧南市)・広島・石見・長崎
シケノモン	時化物	隠岐島前
タク	宅	福井県大飯郡・愛媛県新居浜市
タヤ	田屋	美濃及び尾張・伊勢辺(物類呼称)・伊勢・志摩(国誌)・長野県南安曇郡・島根県大原郡
デ	出居か	京都府竹野郡浜詰村塩江
テオケバン	手桶番	畿内(物類呼称)・大阪(大阪詞大全)・奈良県宇智郡
テナシ	手無	女房詞・鹿児島県種子島
テマエケ		江戸(庄内浜荻)
ドンタク		静岡県庵原郡
ハチ	八	新潟市・長野県北安曇郡
ハチザエモン	八左衛門	仙台(物類呼称)・宮城県登米郡・宮城県栗原郡
ハチベエ	八兵衛	茨城・群馬・埼玉・香川県小豆島
ヒ	火	岐阜県加茂郡黒川
ヒが悪い		上総(国誌)
ヒがとまる		愛知県知多郡日間賀島
ヒマエ	暇家	三重県北牟婁郡・和歌山・島根県安濃郡
ヒマヤ	暇屋	上総・安房・志摩(国誌)・千葉県安房郡・長野・三重県南牟婁郡・愛媛県新居浜市
ヒノマル	日の丸	兵庫県赤穂郡
ブンヤ	分屋	愛知
ベツ	別	佐渡島・隠岐・石見・香川県三豊郡・愛媛県新居浜市
ベッカ	別火	伊勢(国誌)・島根
ベッタク	別宅	愛媛県新居浜市
ベツビ	別火	志摩(国誌)・三重県度会郡
ヘヤ	傍屋	石見
メグリ	巡	福島・埼玉県幸手町・長野県下伊那郡・京都・広島・大分

ヤク	厄	香川県三豊郡・広島・島根
ヤミ	病	広島

（楳垣実『日本の忌みことば』岩崎美術社　一九八二年より作成）

以下、月経表現とその意味をみていく。

ウマには月経帯という意がある。インキョは、隠居所のことで、月経小屋を意味し、エンコウは、猿猴すなわち猿のお尻が赤いことからきているという。オキャクは定期的来訪を意味し、クセは癖病みという習慣的不快を意味する。テオケ・テナシは、女房言葉で、炊事することを遠慮したことからの命名である。ヒ・ヒマエ・ヒマヤ・ベツなどは、月経時に家族とは食事の煮炊きを別に行う別火を意味するもので、様々な名称で表現されている。

またコヤ・ヒマヤ・ブンヤなどは、月経の時に家を離れて籠る月経小屋を月経の意として用いるもので、月経小屋の名称までをも含めればもっと増えることになる。

近代以降現在にいたるまでの月経の異称は、メンス・血の日・日の丸・ご都合・ナニ・その日・アレ・コレ・生理・女性週間、また、昭和三十六年（一九六一）発売の月経用品名「アンネ」の名称を取って「アンネちゃん」「アンネの日」といったものもある。「日の丸」について池田弥三郎は、「（月経を―筆者補）日の丸というのなどは、国旗が制定されてから後の隠語に違いないが、偶像破壊的な名付け方で苦笑を禁じ得ない。戦後、外国煙草の取り締まりが喧しかった頃、ラッキー・ストライキを日の丸と呼んだのとともに、書きとめておいていい語だろう」と述べている。[21]楳垣は『日本の忌み言葉』において、娼婦の隠語を借りたものかもしれないと述べている。かつては俗に「さはり」や「けがれ」などといわれていたというが、実際には多くの忌み言葉が存在したのである。

二　生理

現代社会では、月経という言葉よりも生理という言葉が浸透しており、月経の手当てのために市販されている商品も生理用品といわれている。しかしこの言葉は明治以降に月経という言葉が一般化した時代に、その言葉を避ける意味で用いられた「生理的故障」という婉曲的な表現に由来しているといわれている。[22] 昭和初期の一九三〇年前後に使われだし、徐々に一般化していき、戦後の労働基準法においては、月経と同義の言葉として扱われ「生理日」「生理休暇」として採用された。現在では、国家公務員に対しての「生理休暇」制度はなくなったが、生理という言葉は厳然として通用している。近代以前に月経についての様々な忌み言葉があったように、「生理」という言葉も使われ始めた当初は月経を意味する間接的な表現とされていたが、歳月の経過とともに、現代では直接的表現の代表となっており、月経を意味する言葉として通用するようになり、月経としての生理という言葉を知らないものはいない時代になっている。昭和三十六年(一九六一)に、画期的な月経用品として、アンネナプキンが発売されたことによって、「アンネの日」という呼称が発案されたこともあったが、これも一般化したことによって口にしにくいものとなり、筆者の記憶では、一九八〇年代のなかばにはまだ聞くことはあり、今でもその言葉を知っている人はいるものの、アンネ社自体もなくなっているため、現在では死語になっている。

おわりに

『古事記』においては、「月経」と記される一方で、美夜受比売と倭建命の同衾の話が描写され、そのことに関しては古代の巫女と神意、そして血の穢れとの関係について、解釈が分かれ、実際にはどのように発音されていたかはわからない。しかし平安時代に入ると、「月のさはり」「穢れ」「不浄」などいい、血の穢れを思わせる表現が散見されるようになり、月経中の寺社参詣の禁忌が守られている。しかし禁忌自体に関しては物忌みや方違えなど厳重に守られている一方で、好色な男性の場合は高貴な身分であっても、血の穢れを厭わず月経中の女性と同衾している様子もえがかれている。中世には斎宮や神宮服忌令に関連して月経の禁忌が盛んに規定されているようであるが、『文保記』に「古與今其法若異歟」とあり、時代とともに変わり、時代が下がるにつれて厳しくなっているようである。

月経の名称は、約千年近く「(つきの)さわり」と称されてきたようだが、それぞれの時代の名称をみてみると、直接的な表現の場合もあれば、「例の」とぼかしてみたり、忌み言葉などの比喩的な表現を用いたりしている。そして時代が下がるにつれてその表現が多様になってきているのである。

明治以降、「月経」という言葉と衛生観の普及とともに穢れの観念が払拭され、そして新たに「生理」という名称を得ることになり、そのまま現代にいたっているのである。「生理」という呼称もある意味では近・現代の忌み言葉なのであるが、戦後、生理という言葉が一般化してしまうと、次に「あれ」といった比喩表現を使うようになるなど、さらに変化を重ねており、現代では月経という呼称を使う方が少ないと思われる。しかし、最近の学校などの教育現場では、月経・初経という医学的な用語に回帰しているようである。こうした月経の用語の変遷を押さえた上で、今後は月経観の変遷や月経処理の歴史などにも目を向けていきたいと考えている。

註

（1）　おもに月経の手当てに関して実証的でない記述が多くみられる。本章ではこの点については詳述しないが、たとえば『守貞謾稿』に月経処理の記録があるといった言説がまかり通っているが、管見の限りではそうした記述はない。

（2）『古事記』新編日本古典文学全集1　小学館　一九九七年　二二七〜二三〇頁
（3）塙保己一編『群書類従』第二輯　神祇編　続群書類従完成会　一九五九年　二八三頁
（4）折口信夫「古代研究（民俗学篇2）」『折口信夫全集』第3巻　中公文庫　一九七五年　四六六、四六七頁
池田弥三郎『性の民俗誌』講談社学術文庫　二〇〇三年　二一六、二一七頁
谷川健一「槻の小屋」『日本民俗文化資料集成』第五巻　三一書房　一九九〇年
（5）『うつほ物語①』新編日本古典文学全集14　小学館　一九九九年　六四、六五頁
（6）『蜻蛉日記』新編日本古典文学全集13　小学館　一九九五年　二三九〜二三六頁
（7）『落窪物語・堤中納言物語』新編日本古典文学全集17　小学館　二〇〇〇年　三〇、三一、一二一〜一四一頁
（8）『夜の寝覚』新編日本古典文学全集28　小学館　一九九六年　五三、五四頁
『夜の寝覚』には、ほかにも古代の穢れを考える上で興味深い記述がある。三人目の出産までは、事情により人目を憚らねばならなかったが、四人目にいたって初めて公に出産にこぎ着けることができ、今度こそはと、父である右大臣自ら出生後すぐに抱き上げて、臍の緒なども手ずから切り、誰にも手を触れさせないで、有頂天の様子を屋敷中の人々が拝見していたという。
（9）『とりかへばや物語』新編日本古典文学全集39　小学館　二〇〇二年　一八七、二八五〜二九一頁
（10）瀬川清子『女の民俗誌』東書選書　一九八〇年　一三五頁
（11）京都大学文学部国語学国文学研究室編『諸本集成倭名類聚抄』〔本文篇〕〔索引篇〕　臨川書店　一九六八年
（12）丹波康頼撰『医心方』槇佐知子監訳　筑摩書房　巻七（一九九九年）七七頁。巻二四（一九九四年）三四、三五頁。巻二六（一九九六年）一三五頁。巻二八（二〇〇四年）一六八、二九六頁

(13)　塙保己一編『群書類従』第二輯　神祇編　続群書類従完成会　一九五九年　五〇六、五〇七頁
(14)　岡田重精『斎忌の世界』国書刊行会　一九八九年　八六頁
(15)　寺島良安『和漢三才図会』3　東洋文庫456　平凡社　一九八六年　一七五～一七七頁
(16)　小野蘭山『本草綱目啓蒙』東洋文庫4　平凡社　一九九一年　一〇九、一一〇頁
(17)　大野晋編『本居宣長全集』第一一巻　筑摩書房　一九六九年　二五三頁
(18)　奥山虎章(おくやまとらふみ)『医語類聚』名山閣　一八七三年。序文は一八七二年。一八七八年に増補版が出版され、国立国会図書館では、デジタルデータ化したものを近代デジタルライブラリーにおいてインターネット上で公開しており、今回参照した。
(19)　文化庁編『日本民俗地図』V　国土地理協会　一九七七年　四四七頁
(20)　近藤富三『八丈実記』一巻　緑地社　三一六頁。なお、ほぼ同じ文言が、同六巻　三六五頁にある。
(21)　前掲註(4)　池田弥三郎　二〇〇三年　二一四頁
(22)　月経から生理へという言葉の変遷については、田口亜紗『生理休暇の誕生』(青弓社二〇〇三年)に詳しい。生理休暇という名称については、小野清美『アンネナプキンの社会史』(JICC出版局　一九九二年　一二六、一二七頁)の説を否定し、史料から一九三〇年代初頭にすでに労働闘争の中で使われていることを実証している(『生理休暇の誕生』一一九、一二〇、一三一、一三二頁)。

第二章　月経の名称—現代の月経—

はじめに

月経とは、第二次性徴期に入った女子の身体に発来し、閉経を迎えるまでおよそ四十年の間、月に一度程度おこる生理現象の医学的名称である。生理現象の一つではあるが、命をもたらす神秘性をはらんでおり、そこにはただの生理的現象としてだけではなく、文化的な関心や身体知など、様々な問題関心をみて取ることができる。

月経に関する民俗学的研究では、その名称をはじめとして、血穢や不浄観をともなう女人禁制などの様々な禁忌や儀礼、人を生みだす神秘性と結び付けて捉えられる霊性、南西諸島と本州の差異、成人への一段階としての人生儀礼など、様々な問題が取り上げられてきた。しかし民俗学で取り上げられてきたテーマは、基本的に月経にまつわる過去の文化的事象についての関心であり、現在進行形で女性の身体におこり続けている現象としての月経、つまり現代の女性にとっての月経に関する研究はほとんど行われていない現状がある。

筆者は十数年、現代の女性の身体文化に関心を持ち、月経についても少しずつデータを蓄積してきた。本章では、現代の月経の名称を取り上げ、日本人の月経に対する考え方の変化を探りたいと考えている。

第一節　アンケートからみる現代の名称

現代の日本では、日常生活の中では、ほぼ一〇〇%月経の穢れ感を感じることはない[1]。筆者自身の経験でも、月経について口にするのは憚かられて、親や妹などの家族はおろか、友人ともほとんど話した記憶はない。穢れや不浄という感覚ではなく、性をイメージするような感覚であった。何かの折に自分で使った言葉といえば、そのまま「生理」か「あれ」という表現で、また友人が話す言葉として記憶にあるのは、月経用品の先駆け「アンネナプキン」にもとづく「アンネ」という言葉くらいである。

筆者は平成十七年(二〇〇五)から女子大の講義内容で生理用品を取り上げ、授業の一環として月経に関する調査を行ってきた。筆者が作成した質問票に学生自身が書き込むアンケート形式の調査がほとんどで、その結果を反映させた授業を行い、学生に還元している。たまに「生理中に神棚に近づいてはいけないと祖母に言われた」という学生もいるが、ほとんどは実生活の中で月経の穢れや不浄観を知らない世代である。質問内容は「月経のことを一般的には生理といいますが、ほかに知っている名称はありますか?」というものである。回答者数は、八年間で一〇〇〇名を超えた。その結果を集積したのが、表「生理をのぞく月経の名称」である。一人で複数回答する学生もいれば、「生理」以外知らないという学生もいて、様々である。平成二十四年度には、別の大学(男女共学)で男子学生に月経の別名を知っているか質問してみたが、その結果も含めている。

生理をのぞく月経の名称

主要素	副要素	月経呼称（＊男子も知っている言葉 ※男子のみの言葉）	由来・理由（確認できたもの）
初経		初潮＊	
		潮※	
英俗語		ピリオド	英語由来
外来語略		メンス（めんす）＊	祖母
		M	祖母
		芽寿＊（めんす）	インターネットで読みを確認
代名詞		あの日＊	
		例の日※	
		あれ＊・あれになった	
		that※	
		なに・にゃに	
		なった・なっちゃった	
女		女の子＊・女の子の日＊	女性にしか訪れないから
		女の子day・女の子デー	
		女の子週間	
	月経随伴症状	女の子病	
		女子った（じょしった）	

主要素	副要素	月経呼称	由来・理由
		女子日	
		女性の日	
		女祭り・祭り	
		乙女・乙女の日	
		乙女デー	
		乙女週間	
	月経随伴症状	乙女痛	
		おなご・おなごの日	
		レディースデイ	
		お姫様	
		プリンセス	
		ひなまつり	
擬人化		あの子	
		奴(ヤツ)・やつが来た	
		キャサリン	
		さっちゃん	
		ペリーさん	
		ゆみちゃん	
		来た	

		「今来てるんだよ、使者が」	
客		親戚が来た	
		お客様・お客さん＊	一か月に一回・毎月定期的に来るから
月	客	マンスリーゲスト	月に一回来るから
		お月さま・お月さまの日	
		月の日※	老人がこちらの言葉を使うイメージがある
		(お)月もの	
		つきごと	
		月一	
		月のもの＊	毎月定期的に来るから
		月の訪れ	
	擬人化	月よりの使(つかい)＊	
	擬人化	月よりの使者＊・月からの使者・月の使者	
	擬人化	セーラームーン	
		つもごり・月のつもごり	
	月経随伴症状	月の襲撃(「月の襲撃をくらう」)	
		月のさわり	
赤(血)	月	赤い月※	
		赤・レッド	
		赤い衝撃＊(男子複数)	大量出血するから

主要素	副要素	月経呼称	由来・理由
	月経随伴症状	赤い悪魔(「今日赤い悪魔降臨した」)	
	擬人化	赤い使者	
		ウルトラマン	胸の赤い点滅による
		アカベコ	
		いちごデー	
		トマト	
		ケチャップ	
		ケチャマン	
		旗日※	布が血で染まるとそのように見える
出血		血	
		血祭り＊	経血から・大量出血するから(男女とも)
		血まみれ	
		血みどろ	
		血を見る日※	
		多量出血	
		出血中	
		出血サービス	
		ブラッディーデー	
		ブラッディーウィーク	

	WWⅡ（子宮がWWⅡ）		大量出血するから
	第一次世界大戦中		
	爆発		
	多い日※		血がたくさん出るから
	洪水		
貧血・月経痛など随伴症状等	血が足りない		
	貧血		
	来航（重い月経がやってくる）		
	償い（重い月経痛による）		重い月経痛は前世の報いであるとネーミング
	つらい日		
	お腹が痛い※		お腹・下腹部が痛くなるから
	腹痛※		
	陣痛		
	排卵日＊		卵子が体外に排出されることによる
	排卵＊		女子：不要になった卵子が排出されるから 男子：使用されなかった卵子を排出するから
	おりもの※		
女性の様子	機嫌悪い日※		
	なんか機嫌悪い※		
	めんどくさい日※		

主要素	副要素	月経呼称	由来・理由
生理用品		アンネ	
		お弁当箱	
その他		当たり※	
		おすぎ	
		お荷物	
		お花	
		きゅうり	
		せべ	
		誕生日	
		日和	
		マイブーム（友という）	
		ペーリーさん（中学）ゴルジ（高校） サチコ（大学）	

人によって表現方法が微妙に違うだけの場合や、派生的なものもあるため、同じ要素を持つものをまとめて分類した。「主要素」とは一義的に同じ意味を持つと筆者が判断したもので、「副要素」は、一つの言葉に主要素を含めて複数の意味が読み取れる場合に付した。また男女ともに知っている言葉や男子だけが知っている言葉にも＊・※などのマークを付し、由来や理由を確認できたものもあわせて記載した。

実数として把握しているわけではないが、多くの女性は基本的に「生理」という言葉を用い、「月経」という言葉はほとんど用いていない印象がある。一方、多くの学生は「あれ」という代名詞を使っていた。また友人との会話や病院など、場面によって使い分けるという意識もみられた。「あれ」「女の子の日」など、男子も含めて多数が知っている言葉もあれば、「償い」「今日　赤い悪魔　降臨した」など、重い月経痛や出血量の多さなどの月経随伴症状をあらわす意味合いの言葉を、友人や姉妹など、ごくプライベートな関係で使用しているという例もみられた。

次に主要素ごとにみていく。

〈初経〉初めての生理は、筆者の学生時代には「初潮」といったが、最近は医学用語の「初経」が用いられるようになってきており、「初潮」という言葉を知らないという学生もいる。また「初潮」「初経」という言葉は知っていても自分では使わない、という意見なども聞かれる。

〈英俗語〉「ピリオド」は、英語の俗語である。英語ではmenstruationが日本語の月経にあたる。海外の映画やドラマなどで使用されていることから、知っているという人もいる。

〈外来略語〉ここであげたのがmenstruationに由来した言葉にあたり、略して「メンス」「M（エム）」である。ただしこれらの言葉は、大学生自らが用いるのではなく、祖母から聞いた言葉である旨の説明がいくつかあり、時代による流行の一つと考えられる。

「芽寿」の訓はアンケート時には判明しなかったが、インターネットで調べてみると、この表記で「めんす」と読ませるらしいことが確認できた(2)。

〈代名詞〉代名詞として「あれ」という表現は、多くの女性が用いている。ほかにも、「あの日」や「なに」など、複数みられる。

〈女〉月経の別名として、代名詞のほかにもっとも多くの女性が使用しているのは、「女」を表す要素を持つ言葉である。月経は女性にのみおこる生理現象であるということ、またふだんは男性と変わらず活動している女性も、月経期間だけは否応なく、自分の女性性を認識させられるということなのかもしれない。また家族や恋人が使う言葉ということで、男子学生でも知っている者もいた。「女の子病」や「乙女痛」など副要素として月経随伴症状をともなう表現もみられた。蛇足になるが「レディースデイ(lady's day)」は英語での俗語でもあるらしい。

〈擬人化〉擬人化の場合は、なぜその名称になったのか分からないものも多いが、基本は女性名が多い。「ペリーさん」などはおそらく、月経随伴症状の項目に分類した来航と関わる幕末にやってきた黒船のペリー提督を意味しているのではないかと思われる。また友人との会話の中で「今来てるんだよ、使者が」と表現する例などもある。「奴《ヤツ》」という言葉には、来なくていいのに来た、というような歓迎していない様子もうかがえる。

〈客〉客という要素は、古くから用いられており、同様の感覚が連綿と続いている事例の一つであろう。

〈月〉月は古くから用いられている要素であり、毎月やってくるというイメージが濃厚に反映されている表現なのであろう。「月のもの」という古くから用いられている言葉もあれば、「マンスリー」と英語化されたり、「セーラームーン」というアニメのキャラクターの名前が使われたり、現代的な感覚も入ってきている。また月経痛をあらわす「月の襲撃」という言葉もみられた。

〈赤(血)〉赤は月経血の色からの連想で、赤い色に関わるものや、月経随伴症状を連想させる言葉が用いられている。胸の赤いマークが点滅するウルトラマンや、赤い色の民芸品であるアカベコ、イチゴ、トマト、ケチャップなど、赤い色からの連想は様々である。一方「赤い衝撃」や「赤い悪魔」など、月経随伴症状の意味をあわせ持つ言葉などもみられる。旗日の発想などは、かつての日の丸と同様ではないだろうか。

〈出血〉出血は月経血をあらわす意味合いで用いられるもので、経血量が多いことをそのまま表現しているなど、ストレートな表現が多くみられる。一方「WWⅡ」は、第二次世界大戦すなわちWorld War IIの略で、「第一次世界大戦」や「爆発」といった例を含めて、月経血量が多いことと、月経痛が重いことをあわせて表現しているのではないだろうか。「洪水」も大量出血を意味している。

〈貧血・月経痛など随伴症状等〉月経時におこる様々な随伴症状を表現している事例もみられる。貧血や血が足りない、腹痛といった症状をそのままあらわした言葉や、幕末のペリー来航の衝撃にかけて重い月経痛を表現したり、月経痛が重いのは前世のおこないの報いであるということで「償い」と表現するなど、月経がつらい中から少しでも紛らわそうとする現代的な想像力を読み取ることができる。また月経は受精しなかった卵子を体外に排出するのであって、排卵とは異なる生理作用であるが、「排卵」や「排卵日」という言葉も用いられている。

〈女性の様子〉この分類は、男性のみが用いる表現で、女性は自分ではそう思っていないが、男性からみると月経時の女性は機嫌が悪かったり、面倒くさかったり、普段と異なってみえる様子が表現されている言葉である。

〈生理用品〉連想は二つあげたが、「アンネ」というのは、女子学生が自分で使っている言葉ではなく、母親から聞いたなど、知っているだけということのようである。「お弁当箱」とは、ナプキンが個包装されている形状からの連想のようである。

〈その他〉ここに分類した言葉のうち、「当たり」「誕生日」というのは、おそらくは月経中をあらわし、「お荷物」は月経用品もしくは月経痛ということであろうか。一方「おすぎ」「お花」「きゅうり」「せべ」「日和」「マイブーム」など、関係性がよく分からないものもある。中学・高校・大学と年代によって使い分けている事例なども興味深い。

このように現代でも多くの隠語・別名が生まれているが、かつてとの大きな違いとしては、女性特有の生理現象であるという意味合いの女の要素を含む表現や、月経痛や経血量が多い状態など、重い月経の症状や体調がすぐれない様子をあらわす表現など、多様化していることがあげられる。これらは現代の特徴なのかもしれない。普段は男女平等・共同参画と、男性と変わらないことが推奨・奨励されるが、男性との大きな違いを痛感させられる出来事が毎月一回やってくる。また月経随伴症状に関していえば、アンケートで月経痛の有無についても質問しているが、月経痛を経験していない人の方が少ない現状がみえ、苦しんでいる女性は多く、そのことが月経の名称にもあらわれているのである。

第二節　インターネットで検索した事例

次に紹介する事例は、インターネット（以下ネットと省略する）上で検索することのできた名称である。ネット上では月経に関する情報が飛び交い、授業内アンケートではひろいきれなかった事例などもみつけることができ、探せば探すほど出てくるものと思われる。

- ・お座布団（ナプキン）
- ・月からのお客様
- ・赤い客人
- ・来客（お客さんがドアがっしゃーん！って蹴破ってきて暴れまくってる！『あ！やめてください！もう勘弁してくださいいいい』）
- ・フェスティボー（祭り）

・紅 week
・赤日
・ケチャまん＝ケチャップまんこの略：経血で汚れた女性器をあらわす（筆者註。調査時には由来が判明しなかったもの）
・ビッチョ：一人の女の子が発した「ビッチョビチョ」が語源です
・下半身が洪水
・下半身デロデロ
・下半身がスプラッタ
・女盛りの日
・レディースデー→水曜日→映画一〇〇〇円の日
・ブルーデイ
・エリザベス
・中学「ドキンちゃん」→高校「ペリー来航」

「お座布団」は、「お弁当箱」と同じようなニュアンスで用いられているものかと思う。

筆者のアンケートにも「お客さん」という言葉があったが、「来客」という言葉の使い方には、芝居じみた言い回しが用いられており、とても興味深い。しかしおそらくこれは重い生理痛を表現した言葉と推測され、月経随伴症状に振り回される女性のつらさを思うと、面白がってもいられない。

赤の用いられている言葉も、ちょっとした違いで登場する。「ケチャヤマン」に関しては、アンケートで言葉としては何度も出てきたし、意味合いも想像できたが、教員に対して由来を伝えにくかったのかもしれない。

月経血の量は個人差があるが、人によっては過多月経など、一時間ごとに生理用品を取り替えないともたない人もおり、そうした状態のあらわれか「ビッチョ」「下半身が洪水」「デロデロ」「スプラッタ」といった名称もみられた。「レディースデー」という言葉自体はよく使われており、またこの言葉は、映画館での女性限定の割引が適用される日をあらわす言葉としても使われている。割引の日が毎週水曜日であることから派生しての「水曜日」、また派生して「映画一〇〇〇円の日」というのも発想力の豊かさを感じる。

「ブルーデイ」というのは、かつてみられた言葉で、現在では「アンネ」のように死語に近いのかもしれない。ブルーな気分の日ということである。

「エリザベス」という擬人化や、年代によって名称が変わるなど、ここにあげた事例は、筆者のアンケートの結果に類似しており、人によって発想方法や表現方法が多少異なっているだけなのかもしれない。

第三節　多くの別名がうまれる背景

ではこうした言葉が生まれ、使われるのはなぜであろうか。現代の若い女性でも、月経をタブー視するという人もいれば、そうした感覚がないという人もおり、様々である。女性同士では「生理」とストレートに表現するという人もいる一方、女性同士でもぼかすという人もいる。また男性のいる場や人前では「あれ」「女の子の日」など別の言葉であらわすとか、友だちとの会話や医者に行く時などで使い分けるといった意見もあり、人によってだいぶ意識が異なっているのである。

別名を使う理由についてアンケートで得られた意見を次にあげる。

①(男子)中学校にいる時にひんぱんに使われており、複数あった。比較的男子に伝わらないようにしてできたのだと思う。

②(女子)女性と話す時は女の子の日みたいなぼかした言い方もしますが、それくらいでしょうか。

③(女子)女の子の日：生々しい表現を避けた結果、この呼びかたになったか。

④(女子)女の子の日：紛らわすため！

⑤(女子)女の子の日：男子にあまり知られたくないから。

⑥(女子)友達と話す時に使う。

⑦(女子)生理の話はタブー(ただし旧来の不浄観によるものではない)。

①⑤など男女双方の意見にみられるように、中学・高校などのちょうど思春期である学生時代に、男子に知られないようにするために使用している様子がうかがえる。一方で女性同士でもぼかすとか、友達同士で使うといった意見もみられる。またタブーという意見もある。

次にあげるのは「Yahoo! 知恵袋」における生理の呼称への質問と回答である。ここには一部を抜粋して取り上げるが、1は質問者からベストアンサーに選ばれた回答のみ、2は、①ベストアンサーとそれ以外の回答②〜④の抜粋もあげた。(3)

1　皆さんは月経のことをどう呼んでいますか？

回答　昔は「女の子の日だから」とか言ってましたけど、恥じらいがなくなってからは、もう生理一筋ですね。今考えても、生理って言うのがなんで恥ずかしかったのか不思議なんですよね。なので、生理について発言するのに恥じらいがない人は「生理」ちょっと恥じらう人は「アノ日」

2

どうして生理のことを生理と呼ばないのですか？　ぼかして〝女の子の日〟とか〝女性の日〟とかいう表現を目にします（個人的にこの呼び方は嫌いです…(^_^;)（中略）最近はそうでもないにしろ、生理という言葉はタブーに近かったのでしょうか？

回答①ベストアンサー（男性）：人前（外出中等）でもし嫁に『生理』について聞くことがあれば、ぼかして言います。おそらく男はその事にどのように触れていいのかわからないので、ぼかすのでしょう。気遣いだと思いますよ。

②時代が移って、今では月経や出産を「不浄」「穢れ」とする旧来の考え方は（伝統文化）はほぼすたれたと言えるでしょうが、食事中や家族団らんの場で明るく話題にすることでは、今でもないと思います。同じ生理現象である「排泄」にまつわる話を、日常生活の場でストレートな語彙で表現しないのと同様とも言えるでしょう。個人的には「便秘」を何のこだわりもなく話題にすることに違和感をおぼえることがありますが。

③まず「生理」は月経を遠回しに表現するための言葉なので、単刀直入に言うなら「月経」ですよ。（中略）月経は、うんこと同じ「汚物」の扱いです。（中略）まぁ、個人的には気にならないですが、汚物の話を男性の前でする女性はマナーを弁えていないような気もしないではない。

④「男性の前や公の場ではいわない」のが基本ではないかな〜と思いますが、女性同士で耳打ちしてという対処の方が正しいと思う。

2—③にあるように、根本的に「生理」は俗称であるにもかかわらず、そのことを認識していない人も多くいる。そしてぼかして表現するのは、気遣いやマナーであるといった意見が複数みられ、筆者の感覚では、電車で化粧することの是非を問うのと同じような感覚があるような気がしてしまう。また②③の「排泄」「汚物」にみられるように、命を授かるための重要な生理現象という意識より、月経回数が飛躍的に多くなった現代においては、月経は面倒なものといった意識も読み取れるのである。

年齢とともに月経に対する意識が変化し、青年期には恥ずかしさがなくなるという意見もみられるのである。人前で抵抗なく話すことができる人がいる一方で、実際には現代でもあまり口にするものではないという意識もみえ、また近親者(母親・姉妹・兄弟)、友人、先生、医師など、話す相手によって言葉を変えている現実もある。

名称に関しては、かつてのような不浄観にまつわる意識はほとんどみられなくなっている。一方、女性に特有のものであるということを意識した言葉が多数創出されている。月を用いる言葉が多くみられるなど、旧来からの意識が連続している言葉も多くある。

江戸時代にも月虫や月水虫など、月経随伴症状をあらわす言葉がみられたが、現代ではさらに多様化し、出血の多さや月経痛など、生理的症状や月経随伴症状を意味する言葉が多数創出されている。これらの多くはプライベートな話題として、仲間内で通じる言葉として創造されているものも多いと思われるが、ネットの普及による影響か、WWⅡのような言葉があちらこちらで散見される事例もある。生理的症状や月経随伴症状をあらわす言葉が多くなった背景については、民俗調査では孫の成長について、「今の子は発育が良い」といわれる一方、月経については、初経年齢が低くなったことを、「今の子はませている」とか「今の子は生理が重い」などと聞くこともあるように、月経の実態がかつてと現代で変質しているのではないかと推測される事情もあげることができるのである。

近年では小学六年生の十二歳前後までに多くの女子（九〇％程度）が初経を迎えている。十三参りなど、かつての成女祝いの多くは数え十三歳前後に行われる地域が多かったが、近代以降の初経年齢の調査をみても分かるように、実際の初経年齢は十五歳でも早いくらいで、それも都市と村落では差があった。(4) 民俗調査で対象としてきた村落では、同じ女性であっても都市の女性の経験する初経年齢より遅く、調査では、初経を迎えた年齢が十八歳や二十歳近くだったという話もきかれ、儀礼の行われる年齢と実態としての成女の年齢は、必ずしも一致してはいなかったのである。現代では心身ともに成熟していない、まだ子どもとして定義される年齢に「産む性」のあかしである初経を迎え、大人といわれてしまう。人によってはまったく意識しない場合もあるが、人によってはめでたいという感情よりも、むしろ恥ずかしいという感情が先行し、家庭内においてさえ、男性陣である父親や男の兄弟には隠したいという意識が働く。

またかつての女性は初経を迎えてから出産までの期間が短く、出産回数も多かったために、生涯経験する月経の回数自体が少なく、月経随伴症状を経験する絶対的な機会も少なかった。しかし現代では、初経年齢の低下と妊娠出産回数の減少により、月経を多年にわたって経験することになり、結果、月経痛など月経にまつわる様々な体調不良を経験する機会が飛躍的に多くなり、そのことを表現する手段としての言葉が必要となっている。

月経用品の発達により、月経中の状態はともすれば隠すことができるようになった。しかし一方で、初経年齢の低下や月経にまつわる体調不良の増大など、実態として隠すことのできなかった時代とはくらべものにならないくらい、月経を経験する時間が長くなっている現代の女性たちにとっては、月経を意味する言葉を口にすることには依然として抵抗があり、女の秘めごととして、新たな言葉が生成されては消滅していく現象を繰り返しているのである。

おわりに

現代ではテレビコマーシャルで盛んにみることができるように、一見、月経はオープンな現象になったような印象をかもしている。かつての不浄観は払拭され、すぐれた月経用品も開発されて、かつてとは天と地ほどの差があるだろう。しかし実際には、思うほどには正しい知識は普及しておらず、現在でも月経については隠す・隠さない二つの意識が併存しているように、月経は現在でも非常に個人的なものなのである。また月経用品の発達によってより隠すことのできるものとなったため、何もなければ他人に知られずに過ごすことができる一方で、月経痛など月経随伴症状の重い女性が増えている現状では隠せる状況にはないことも、名称から読み取ることができるのである。

現代では月経の知識を取得する機会は、小学校の月経教育（移動教室などの際）や性教育など、ほんの限られたものしかなく、かつてのような身近な女性たちや母子間での伝承もほとんど行われていない。月経痛を緩和するには、運動が効果的であり、また体を冷やさないことなども重要であるが、こうした知識を知らずに薬に頼り、ただやり過ごしている女性たちも多く存在しているのである。

民俗学では、月経時の日常生活についての調査が欠落している点があげられる。池田弥三郎が「けがれとして忌むべきものではもともとなかったのに、月経に関する民俗は、およそこれをけがれとして扱っているものばかりである」と指摘しているように(5)、かつての視点での穢れによる禁忌などの非日常性ばかりで、日常をどのように過ごしていたのか詳細が分からない。また過去の調査の焼き直しや孫引きばかりで、現代の調査が不足している点も反省としてあげることができる。実際には現代でも月経はタブーであったり、隠すものと捉えている人も少なからずいるが、そうした調査も行われていないのである。月経の伝承をあらためて調査し、また意識して読み解いていくことによって、現代の女性の生活に役立つ情報が提供できるのではないだろうか。またこうした知識を提供する機会を改めて築く必要性も感じている。

本章は、現代の月経の名称について焦点をあてたが、ほかにもたくさんある月経の伝承を新旧つなぎ合わせて読み解き、女性の身体伝承として考えていきたい。

註

（1）ここで一〇〇％と断じなかったのは、山岳信仰や大相撲における女人禁制の問題や月経中に神棚へ近づくことを禁ずる旧習を守る高齢者などの存在があるからで、丹念に探すとみつけることができるからである。

（2）http://dqname.jp/index.php?md=view&c=me 370(2013.1.14.参照)

（3）「Yahoo!知恵袋」はYahoo!JAPANが運営する、電子掲示板上で利用者同士が質問を投稿し、回答を得るという形で、知識や知恵を提供しあう検索サービス。

1　http://detail.chiebukuro.yahoo.co.jp/qa/question_detail/q 1335762088(2013.1.14.参照)

2　http://detail.chiebukuro.yahoo.co.jp/qa/question_detail/q 1129450136(2013.1.14.参照)

（4）松本精一『日本女性の月経』日本性科学大系Ⅲ　フリープレス　一九九九年

（5）池田弥三郎『性の民俗誌』講談社学術文庫　二〇〇三　二一九頁

第一部　参考・引用文献

天野　正子　二〇〇三「ナプキン―「汚れ」の呪縛を解く」天野正子・桜井厚『「モノと女」の戦後史』平凡社ライブラリー
青柳まちこ　一九八五「忌避された性」『日本民俗文化大系』第10巻　小学館
池田弥三郎　二〇〇三『性の民俗誌』講談社学術文庫(一九五八『はだか風土記』講談社ミリオンブックス、一九七四『おとこ・おんなの民俗誌』講談社文庫　改題)
伊藤比呂美　二〇〇〇『伊藤ふきげん製作所』朝日選書　新潮文庫
井上　章一　二〇〇二『パンツが見える―羞恥心の現代史―』朝日選書　朝日新聞社
楳垣　実　一九八二『日本の忌みことば』民俗民芸叢書　岩崎美術社
上野千鶴子　一九八九『スカートの下の劇場』河出書房新社
大藤　ゆき　一九八二「民俗における母親像」『日本民俗文化大系』第10巻　小学館
一九九六『児やらい』民俗民芸叢書　岩崎美術社
大葉ナナコ　二〇〇三『えらぶお産』河出書房新社
岡田　重精　一九八九『斎忌の世界』国書刊行会
沖浦和光・宮田登　一九九九『ケガレ』解放出版社
小野　清美　一九九二『アンネナプキンの社会史』JICC 出版局
折口　信夫　一九七五「古代研究(民俗学篇1)」『折口信夫全集』第2巻　中公文庫
一九七六「古代研究(民俗学篇2)」『折口信夫全集』第3巻　中公文庫
一九七六「民俗学篇」『折口信夫全集』第15巻　中公文庫

一九七六　「民俗学篇」『折口信夫全集』第16巻　中公文庫
女たちのリズム編集グループ　一九八二　『女たちのリズム―月経・からだのメッセージ』　現代書館
鎌田　久子　一九七六　「南島生活誌―月事のこと」『女性と経験』復刊第1号　女性民俗学研究会（『女性民俗学入門』所収）
一九八八　「小さな布きれ」『女性と経験』13　女性民俗学研究会（『女性民俗学入門』所収）
一九九〇　『女性民俗学入門』　青蛾書房
鎌田久子他　一九九〇　『日本人の子産み・子育て―いま・むかし―』　勁草書房
川村　邦光　一九九四　『オトメの身体』　紀伊国屋書店
二〇〇五　『ヒミコの系譜と祭祀』　学生社
喜田川守貞　一九九七　『近世風俗史（守貞謾稿）』二　岩波文庫
京都大学文学部国語学国文学研究室編　一九六八　『諸本集成倭名類聚抄』〈本文篇〉・〈索引篇〉　臨川書店
串田紀代美　一九九六　「女性の力と月事」『女性と経験』20　女性民俗学研究会
潮地悦三郎　一九八六　『人生の習俗』　三弥井書店
塩月　亮子　二〇〇三　「沖縄における生理用品の変遷」『日用品の二〇世紀』　ドメス出版
瀬川　清子　一九七二　『若者と娘をめぐる民俗』　未来社
一九八〇　『女の民俗誌』　東京書籍
高田　哲郎　一九八四　『秩父の女衆』　民衆社
田口　亜紗　二〇〇三　『生理休暇の誕生』　青弓社
谷川　健一　一九九〇　「槻の小屋」『日本民俗文化資料集成』五巻　三一書房

寺島　良安　一九八三『和漢三才図会』上　東京美術
内閣官報局編　一九七四『法令全書』第五巻―一、第六巻―一　原書房
波平恵美子　一九八二「民俗としての性」『日本民俗文化大系』一〇巻　小学館
　一九八五『けがれ』東京堂出版
西山やよい　一九九〇「〝産小屋〟習俗の中の女たち」『日本民俗文化資料集成』五巻　三一書房
額田　年　一九九〇「海女」『日本民俗文化資料集成』四巻　三一書房（初出一九六一）
林　由紀子　一九九八『近世服忌令の研究』清文社
樋口　清之　一九八〇『性と日本人』日本人の歴史第四巻　講談社
文化庁編　一九七七『日本民俗地図』Ⅴ　国土地理協会
前田　勇編　一九七九『江戸語の辞典』講談社学術文庫
前田勇編訳　一九八三『医心方に見る美術』ポーラ文化研究所
　二〇〇〇『くすり歳時記』筑摩文庫
牧田　茂　一九六五『人生の歴史』日本の民俗第五巻　河出書房新社
松本　精一　一九九九『日本女性の月経』日本性科学大系Ⅲ　フリープレス
三砂ちづる　二〇〇四ａ『昔の女性はできていた』宝島社
　二〇〇四ｂ『オニババ化する女たち』光文社新書
水村　節子　二〇〇〇『高台にある家』門川春樹事務所
宮尾登美子　二〇〇三『寒椿』新潮文庫

宮田　　登　一九七九『神の民俗誌』岩波新書
宮本　常一　一九七三「河内國瀧畑左近熊太翁古事談」『日本常民生活資料叢書』第一九巻　三一書房
　　　　　　二〇〇一『女の民俗誌』岩波現代文庫
柳田　国男　一九七五『禁忌習俗語彙』国書刊行会
李家　正文　一九八九『糞尿と生活文化』泰流社
和歌森太郎　一九六四『女の一生』日本の民俗第六巻　河出書房新社
渡辺信一郎　一九九九『江戸の女たちの月華考』葉文館出版
渡　　紀彦　一九六三『アンネ課長』日本事務能率協会

第二部　産　育

第一章　妊娠期間の数え方

はじめに

次にあげる日数は、それぞれの動物における何かの平均日数である。何をあらわす数字だろうか。

ハムスター十六日、ハツカネズミ二十日、ウサギ二十八日、犬と猫約二か月(六十三日)、パンダ四か月半(百三十五日)、ニホンザル六か月(百八十日)、チンパンジー八か月(二百三十七日)、ウマ十一か月(三百三十六日)、ゾウ二十一か月(六百五十日)。

答えは、交尾から出産にいたるまでの平均妊娠期間である。動物が言葉を発して教えてくれるわけではないので、これは人間が観察して導き出した結果であり、野生か飼育か、はたまた個体差など、参考とする資料によって誤差があるかもしれないが、大まかな目安となる数字である。

「ねずみ算式に増える」という表現がある。たとえば雌雄二匹のネズミが一月に一二匹のネズミを産み、翌二月にまた一二匹ずつ産むと一年で何匹になるのかと。その答えは優に億を超える。家ネズミとして知られるハツカネズミなどは多発情性動物といわれ、交尾から約二十日間で出産を迎える。一度に十数匹生まれるのであれば、急激に増えていく物事のたとえとなるのもよく分かるし、こんなたとえを考える人間もまた、そのことをよく知っていたということになる。

そんな動物の話はさておいて、同じ多発情性であっても、ヒトの場合は、一人の女性が毎月子どもを生むことはない。年子《としご》といって、たまに子どもが生まれて一年程度で次の子が生まれることもあるが、たいていの場合、次の出産までには一年以上間隔があくのが普通である。では、ヒトの妊娠期間は何日なのであろうか。本章では、ヒトの妊娠期間という、普遍的であり、至極当たり前のことのように思われている問題について、あらためて考えていきたい。

第一節　ヒトの妊娠期間

「十月十日《とつきとおか》」という言葉がある。大学生に話を聞いたり、インターネットで調べたりしていると、最近ではこの言葉と意味を知らない人も少なからず増えてきているようだが、この言葉は、日本において妊娠期間をあらわす慣用表現として用いられているものである。筆者がここに慣用表現と記したのには意味がある。そのことについて述べる前に別の角度からみていきたい。

日本で平成七年(一九九五)に公開された「nine months」という米国映画がある。結婚していない恋人同士が妊娠と出産をめぐってドタバタ騒動を繰り広げたのち、ハッピーエンドを迎えるというコメディ映画である。邦題は日本語直訳の「9か月」で、この原題は英語圏で妊娠期間をあらわす時に用いられる表現であるという。インターネットなどで欧米圏の妊娠期間をあらわす言葉を検索してみると「eight months」(八か月)という表現もあるようで、管見の限りではあるが、アメリカ・イギリス・フランスなど、どうやら欧米圏でも異なる表現が存在するらしいのである。これはどういうことだろうか。アメリカ人やフランス人、日本人とで妊娠期間に差があるのであろうか。否、当然のことながらヒトの妊娠期間が人種や民族、ましてや国籍によって左右されるはずはない。では、この差はどこから生まれてくるのかということになる。筆者が関心を寄せるヒトの身体に関する文化的問題の中でも、日本人と欧米圏の人々との間での文化の違いを知ることのできる面白いテーマである。

この差異を解き明かすためには、まずヒトの妊娠期間を知らなければならない。ヒトの妊娠期間の算出方法には、受精後胎齢と月経後胎齢の二つがあり、日本では前者は発生学、後者は臨床産科で用いられている。受精後胎齢は、受精初日を一日目と数え、満日数・満週数であらわす。一方、月経後胎齢は、受精直前の最終月経初日を一日目と数え、満日数・満週数であらわすもので、日本で一般的に知られている数え方である。

月経と排卵の関係は、かつては月経の後に排卵がおこると考えられていた時代もあるようだが、実際には排卵の後に月経がおこるという順序である。出産後しばらくして月経が再開する前に妊娠してしまうのはこの順序のためである。排卵がいつおこるのか、その時期の判断は容易にはできないため、比較的分かりやすい最終月経を基準としているのである。日本では月経後胎齢をもとに二百八十日間が妊娠期間と規定されているが、発生学の受精後胎齢を用いれば、月経から次の排卵までの日数のおおよその目安の数字である十四日を引いて、二百六十六日ということになる。

そして月経後胎齢の二百八十日を月になおすと、ひと月三十日換算で九か月と十日、ひと月三十一日換算だと九か月と一日となり、いずれにせよ約九か月といえ、約十か月とするには水増ししすぎることになる。この月経後胎齢の計算方法では、当然のことながら月経期間を含んでいるため、実態としては妊娠していない期間が妊娠期間として含まれることになる。予定している月経がこなくて妊娠が判明した時に、それがちょうど月経開始予定日であったとしてもすでに妊娠二か月目と数えるのはこのためで、最終月経開始日をすでに妊娠一か月目と計算しているのである。

月経後胎齢の二百八十日から十四日を引いた受精後胎齢の二百六十六日を月になおすと、さらに短くなる。この場合、前述の計算でいけば八か月と二十六日、もしくは八か月と十八日で、九か月弱となり、英語圏で使われる「nine months」が実際のところは妥当な数字であり、「eight months」でも得心が行くのである。

ヒトの妊娠期間という、普遍的生理現象の捉え方が、科学の進んだ現代社会の先進国においてさえ国によって異なり、およそ二か月もの差が出るのである。では実質約九か月が、なぜ日本では「十月十日」になるのだろうか。そこには複数の要因が考えられ、また日本らしさを発見できる。

要因①　明治期に西洋の産科学が普及する前から、日本では妊娠期間を「十月」と数えてきた。鎌倉期の作とされる説話集『撰集抄』には「はじめて胎内に宿りて、十月身を苦しめ」とあり、また同じく鎌倉期の軍記物『源平盛衰記』にも「十月胎内の報恩の為に、九旬忉利の安居せり」とあり、これは「十か月の間、母の胎内にあって受けた恩に報いる」ということである。時代が下り江戸時代の産科書などにのせられている胎児の成長をあらわした「胎内十月図」などをみると、初月から十月まで、ひと月ごとに胎児の成長を図示しており、日本では古くからヒトが胎内にある期間を十月と捉えていたことが分かる。

要因②　要因①と深く関わってくることだが、妊娠期間を十月と数えた時代と現代とでは、暦のひと月の日数が異なっている。明治五年十二月三日が、改暦によって一八七三年(明治六)一月一日と変わるまで、すなわち改暦前日の明治五年(一八七二)十二月二日までの日本では太陰太陽暦(以下旧暦と略す)が用いられており、現行の太陽暦のひと月三十日・三十一日とはひと月の日数が異なり、旧暦ではひと月二十九日・三十日の繰り返しであった。ひと月二十九日換算であれば九か月と十九日となり、十か月の方が近くなる。

もう一つはまったくの私見であるが、日本では明治期に西洋産科学が導入されて以降も、妊娠したからといって医者にかからない時代が長く続いた。ひろく医者にかかるようになったのは高度経済成長期ごろが境のようである。そのため現代のように正確に、妊娠期間をいつから何日・何週・何か月と細かくは数えない時代が長く続いていたのではないかということである。現代では、妊娠や年齢は、満日数・満週数・満年齢にいたるまで正確に数えるが、昭和二十五年(一九五〇)施行「年齢のとなえ方に関する法律」によって満年齢に切り替わる前は、数え年といって、生まれた時にすでに一歳と数え、そして毎年正月元旦に日本人全員が一つ歳を重ねるという数え方がひろく一般に行われていた。このことと同じように、妊娠期間もおそらくは、何日で何週と数えるのではなく、月がかわるごとにひと月足していくという数え方で、結果として現在よりも多めに数える運びとなっていたのではないだろうか。

要因③　科学的に受精後の基準日数が判明した現代社会において、旧態の非科学的な数え方がそのまま残っているのには、次の考えも影響しているのではないかと強く思う。それは数字に対する禁忌の残存である。数字に対する欧米人の考え方について筆者に十分な知識はないが、日本ではある種の数字や言葉に対して洒落や禁忌が存在し、現在でもその名残りがいたるところにみられるのである。

九という数字は「きゅう」とも「く」とも読む。「く」という音は「苦」という文字に通じると考えられており、敬遠する習慣が現代にも残っている。たとえば年末の餅搗きや正月飾りなどの行事は、二十九日を避けてその前後に行うものとされる。奇数は本来陽数として縁起の良い数字のはずで、七五三などのように三・五・七はよく使われているが、九は前述の通り、おめでたい場面では避ける習慣が今も残っている。

一方、十という数字は、いっぱいになる、満ちるという意味を持ち、十分は充分となり、満ち足り、過不足なく、物事が充実し、完全であること、欠ける点がないことにつながるが、九では一つ足りず、不足の状態に陥り、月足らずにつながるだけでなく、苦に通じてしまうのである。

出産にいたる妊娠期間は、短ければ早産となり子どもの命に関わり、長いと母子双方に影響を及ぼす可能性があるため、長短なく、過不足なく経過することが望まれる。日本では、充足し、安全を願う場面では、九は好ましいものではなく、十という数字が習慣として好まれていたのである。

要因④　要因①〜③がベースにあったためか、かつては妊娠九か月で生まれた子は育たないという伝承がひろく日本各地にみられた。次にあげる表は、昭和十年代に行われた産育習俗に関する調査において異常分娩と分類された項目の中から、早産に関する伝承を抜粋したものである[1]。地名は調査当時の地域名のままとした。

『日本産育習俗資料集成』にみる九か月子の伝承

県	地方		頁
岩手県	雫石地方	七か月で生まれたものをナナツキゴといって、多分育つものというが、八か月で生まれたものはヤツキゴといってかえって育ちにくいといいならわしている。	315
福島県		七月子は育つが八月子は育たないという。	
群馬県	利根郡久呂保村	七月子は投げても育つが、八月子は大きくても育たない。	
千葉県	長生郡本納町・本郷村、市原郡	七月子は育つが八月子は育たない。	
石川県	江沼郡塩屋村	九月子は命なくても八月子は育つという。	
長野県	五常	早産の場合は、七月子は育ち、八月子は育たないという。	316
	西筑摩郡大桑	八か月で生まれた子は育ち、九か月で生まれた子は育たないという。	
岐阜県	不破郡・安八郡	八か月子は育つが、九か月子は育たない。	318
	武儀郡神淵村・可児郡広見村	八月子は育つが九月子は育たないという。	

三重県	鈴鹿郡	八か月子は育つが九か月子は育たないという。	
島根県	八束郡加賀村	八か月生まれの子は育つが、九か月生まれは育たないという。これは九か月生まれは虚弱でやはり短命だということである。	319
岡山県	岡山市浜野	七月子は育っても八月子は育たないという俚諺がある。	
	和気郡伊里村	七月子は投げても育つが八月子は育たない。	
山口県	熊毛郡伊保庄村	七月は育つといい、早産の中でも七月子は育つものとしてある。	321
	阿武郡大井村	八月子は育つが九月子は育たない。	
福岡県	一般	七か月子は育つが、八か月子は育たないという。	322
長崎県	壱岐郡	早産のことを方言ではハヤモチという。「ナナツキゴ(七月子)は育つが、ヤツキゴ(八月子)は育たない」といわれている。	
	対馬厳原	早産をハラモチという。七月子は育つが八月子は育たないという。	
大分県	宇佐郡	八月子は育たない。七月子は育つといって愛護する。	
鹿児島県	吉利村	七か月子は育つが八か月子は育たないという。	
沖縄県	八重山郡島	七か月子は育つが八か月子は親の命を取るという。	323

七か月で生まれた子は早産であるものの育つという地方がほとんどである。一方、八か月で生まれた子は、地方によっては育つとも育たないともいわれており、七か月子との対比では育たないといわれ、九か月子との対比では育つといわれている。

「九月子は命なくても八月子は育つ」(石川県)、「八か月で生まれた子は育ち、九か月で生まれた子は育たない」(長野県)などというように、九か月で生まれた子とくらべれば、それより早く生まれた子供の方が育つと考えられていたのである。島根県旧八束郡加賀村では、「八か月生まれの子は育つが、九か月生まれは育たないという。これは九か月生まれは虚弱でやはり短命だ」といわれているように、八か月よりは成長しているはずの九か月の方が虚弱な存在と考えられており、やはり月満ちて出産にいたるのが理想とされていたことがうかがえる。

要因⑤　近代産科学普及以前の考え方を継承しているのか、あるいは海外でも同様の算出方法が用いられているのか確認してはいないが、日本の臨床産科では、妊娠期間の算出に特殊な月の数え方を用い、四週間＝二八日＝一か月と数え、二八〇日＝一〇か月と数える方法が用いられている。

かつての日本では妊娠期間を「十月《とつき》」と捉えていたことは理解できたことと思う。そしてその名残りのまま、近代に入って西洋産科学が普及しても月満ちて十月で出産することが望まれていた。

ではなぜ、ただの「十月《とつき》」ではなく、さらに十日加えた「十月十日」という表現になったのであろうか。実はよく分からないのである。管見の限りでは、この言葉がいつから使われているのか確認できていない。単純に考えれば、現代の暦で十か月目の十日、すなわち満九か月と十日と解釈すれば、二七〇＋一〇＝二八〇日ということで事足りる。これもまったくの私見ではあるが、明治以前は十月であり、明治六年の改暦以降、旧暦と太陽暦との狭間に近代産科学の知識がもたらされ、折衷案として考えだされたものではないだろうかと推測している。

「十月《とつき》」といった場合、現代では、たいていの人は十か月目＝満九か月ではなく、満十か月と考える。ちなみに「十月」を国語辞典で調べてみたところ、手元の『岩波国語辞典　第五版』『広辞苑　第四版』(岩波書店)には掲載されておらず、日本最大の国語辞典『日本国語大辞典　第二版』(小学館)には「一〇か月」とあり、「十月十日」については「一〇か月と一〇日。人が胎内にある期間をいう」とある。そして大学生に「十月十日とは何日間か？」と質問したところ、ひと月三十日と三十一日で計算する者や、一月一日から起算して十月十日まで月ごとに計算する者など、人によって計算方法は様々であるが、おおむねひと月を三十日と考えて三〇×一〇＋一〇＝三一〇日と計算する者が多く、『日本国語大辞典 第二版』と同じ数字をあげる者が多いという結果が得られた。

かつての日本では「十月《とつき》」といわれ、いつのころからか「十月十日」という言葉も使われるようになり、そして臨床産科では特殊な計算方法を用いてまで、現代でも十か月という数え方が残っているのである。「十月」という数字は科学的な数字ではなく、日本的な考え方がイメージとして強烈に投影されたまま、今日にいたるまで残っている数字であり、妊娠期間を十月とする数え方は、きわめて日本的といえる。

第二節　イメージ残存という問題

このきわめて日本的な数字の残存をなぜ問題にするのかというと、それは日本ではこの過去のイメージに左右されている非科学的な数字が、法律の上で女性を縛る現実が横行しているからである。欧米圏のように九か月が日本でも浸透していれば、誰もがおかしいと感じるはずの問題が、おそらく十月十日という言葉が使われ続けることによって問題視されないまま、今でも密やかに、時に顕在化して女性を縛り続ける問題として存在しているのである。

この問題とは、民法七百七十二条のいわゆる「離婚後三百日規定」である。たまにマスコミに取り上げられることもあるが、これは夫婦が離婚後三百日以内に生まれた子は離婚前の夫の子として戸籍に入れるという規定である。この規定ができた明治期の状況については知るよしもなく、また科学的な知識の乏しかった当時は必要な規定だったのかもしれない。(2) しかし前述のように、日本での妊娠期間の数え方には、受精にいたる行為を行う以前の数日が含まれており、まだ受胎もしていない期間までをも含めて妊娠期間として算出している。最終月経開始日から起算して二百八十日であるが、実態としては受精後二百六十六日なのである。近年の周産期医療においては、出産予定日を一週間超過した程度は誤差の範囲内としてそのままであるが、それを過ぎると羊水や胎盤の機能低下などの問題から陣痛促進剤などを用い、医療の介入によって分娩を促進させる処置が執られる。したがって、たとえば離婚直後に月経があり、その後に受精し、妊娠した女性が順調に過不足なく妊娠期間を過ごして出産を迎えても、離婚後三百日に満たない、二百八十日目で出産を迎えてしまうことになる。もっといえば離婚直後の排卵で妊娠した場合には、正常な妊娠期間の経過でも、離婚後二百六十六日で出産を迎えることになる。規定に照らせば離婚直後の順調な妊娠、否、出産予定日を十五日超過した妊娠であっても三百日未満となってしまうのである。

この問題が解決されずに残り続けている背景としては、やはり日本的な数字に対するイメージの定着というものが大きく影響しているものと考える。順調な妊娠出産を実際に経験した女性であっても、妊娠期間を十か月間と捉える傾向が大いにある。順調であった場合には実際の数字には余計にこだわらないのかもしれない。また日本の産科では四週でひと月と計算し、妊娠十か月とする数え方も用いられている。こうした日本独自の数字の捉えかたが、古くから現代にいたるまで浸透し、まして自身の身におこる経験として体験することのない男性に正確な知識を求めるのは難しいのであろう。日本的感覚として数字の持つイメージが残るのは仕方ないとしても、法律の上で非科学的な数字が残存し、実生活に影響を及ぼす可能性を秘めている点については違和感を感じざるを得ない。離婚した女性が離婚直後に妊娠したとして、生まれた子どもを前夫の子どもとするのは、DNA鑑定などのできる現代の社会においてはきわめて非科学的・非合理的といわざるを得ないのである。

日本の女性は離婚後百日間は再婚できないだけでなく、(3)三百日問題という非常に非科学的な規定にも拘束されており、男性に帰属を左右されてしまう。そして当事者とならない限りこの問題に目を向けることはなく、また妊娠は性にまつわる問題と捉えられるためか、一般人を巻き込んで議論をおこすことはなく、たまに話題になったとしても、家族論や家の存続、不貞問題など、道徳問題にすり替えられがちである。しかし男女共同参画をうたい、女性の権利を考えた場合には、こうした、自分には関係ない問題にも気を配る必要があるのではないだろうか。

この問題について平成十九年(二〇〇七)五月二十一日に、離婚後の妊娠が医師の証明で明らかな場合に限って「前夫の子ではない」出生届を認める、という法務省民事局長の通達が出されたが、誰しもがうまく医師の証明を得られるわけではないであろうし、これはあくまでも通達であって、もとの法律は厳然として残っている。こうした中、出生届を出さず、無戸籍のまま成長する子どもの存在も指摘されている。正確を期すのであればＤＮＡ鑑定という方法もとれる現代社会において、子の利益を優先するのであれば、旧習を継承する科学的根拠のない数字を用いる時代遅れの規定はなくした方がよいのではないだろうか。

大学生に妊娠期間に関する知識を質問したところ、ほぼ正確な答えを得ることができなかったことは前にも述べた。そして日本人自体が、妊娠期間という人間として当たり前の知識さえも正確には知らない現状もみえたかと思う。正確な知識がないわけだから議論の俎上にのらないのも当然のことかもしれない。それは教育の問題であろう。こうした知識不足などを考えると、民法の三百日規定の問題を前進させるには、ヒトの生殖に関する正しい知識を学ぶ機会の必要性を痛感する。逆説的ではあるが、最近の若者が「十月十日」という言葉を知らないのは朗報かもしれない。いつから用いられているのか分からない数え方や産科独自の数え方などというあいまいな月数で数えるのではなく、人間の妊娠期間は受精してから約二百六十六日と教育で広めていけばよいからである。

おわりに

筆者自身、妊娠や出産に関する調査も行ってきたが、自分で妊娠出産を経験するまでは正確な知識を持ち合わせていなかった。自分で経験してはじめて女性の身体文化に関心を持つようになった。関心を持ってみると、知っているようで知らないことがあまりにも多く、また首をかしげたくなるようなことがいくつも浮上してきた。生殖に関わる基本的な知識も持ち合わせていないような現状で、少子化問題が声高に叫ばれているのは、とてもアンビバレントな状況である。こうした中で、たまに話題にあがっては変わらず残り続けている「三百日規定」についても、つねづね疑問を感じてきた。

日本では女性の身体の問題を含め、生殖に関わる問題は性にまつわる問題として、とかくタブー視し、敬遠する傾向がある。そのため科学的にはとても馬鹿げた話が、当たり前のように息づいている。また当の女性たち自身も自分たちの問題に気付いていない現状もうかがえる。本章をきっかけに、自分にとって当たり前の事実に目を向ける女性たちが増えれば幸いである。

註

（1）恩賜財団母子愛育会編『日本産育習俗資料集成』（日本図書センター　二〇〇八年復刻　原本一九七五年　第一法規出版）。本書は、昭和十年代に柳田国男の指導のもとに行われた、全国の妊娠・出産・育児に関する習俗の調査により収集された民俗資料をまとめ、昭和五十年に出版されたものである。

（2）　前掲『日本産育習俗資料集成』によれば、馬の手綱をまたいだり、船のとも綱をまたいだりすると、十二か月とか十三か月とか妊娠期間が続くという俗信がひろく伝わっていたが、これは科学的知識の乏しかった時代の迷信であり、実際には月経不順など様々な要因が考えられ、現代では予定日を大幅超過する場合には、医療介入が行われる。

（3）　再婚禁止期間は、明治三十一年（一八九八）年に施行された明治民法以来、戦後の民法改正を経ても、六か月間のままであったが、平成二十七年（二〇一五）十二月に最高裁判所で違憲判決が下され、翌年に民法が改正され、百日間に短縮された。

第二章　坐産から寝産へ──身体技法で読み解くお産の伝承──

はじめに──分娩姿勢と身体技法研究──

産育に関する調査報告や研究は非常に多く、医療化に関する言説や助産師の問題なども含めて盛んに取り組まれている。(1)こうした現状で、明治期の西洋産科学の導入によってもたらされた変化に関する調査報告が数多くあり、中でも坐産から仰臥・寝産へという分娩姿勢の変遷については、西洋医学を学んだ職業産婆の登場によってもたらされた(2)といったようなことが多数報告されている。分娩姿勢の変化については、座棺から寝棺へと、同じような変化を遂げた葬送儀礼の変容と対で扱われることが多く、ただ変化を指摘するのみで、その意味を読み解くことはなかった。

筆者は、女性の身体文化に関心を持ち、月経や産育環境の変化について研究を進めており、(3)これまでの研究では、日本人の出産に関する文化的研究が進んでいないことを指摘し、分娩姿勢を日本女性の生活条件や環境に見合う身体技法として捉え直して考える必要性のあることを指摘している。(4)

現代の日本では出産の医療化が進み、出産時の母子死亡率は低くなっている。一方で医療に頼らない「自然な出産」を望む人々も増えてきており、助産師による自宅出産回帰や、アクティブバースなどというフリースタイル出産なども一部では行われている。(5)こうした状況において、かつての出産の姿勢を読み解くことは、現代の日本女性にとっての「自然な出産」や「望ましい出産」とはどのようなものかを考えるための一助となるのではないだろうか。また分娩姿勢の変容を読み解いていくことは、これまではあまり取り上げられてこなかった産湯や保育姿勢の変容という、産育における一連の変化の問題を浮かび上がらせることにもつながり、そのことが、単なる個人差だけではない今日の産育環境の問題にもつながってくるのではないかと考えている。

本章では、産育における身体技法研究の手始めとして、報告は多いもののそれ以上の研究へと進展していない分娩姿勢について考察し、産育研究に新視点を提示したい。

第一節　分娩の姿勢—坐産—

分娩姿勢について調査報告書や研究書を紐解いてみると、「かつてはザサンだった」と記されている。ザサンとは、妊婦がすわって行う分娩の姿勢をあらわし、「座産」「坐産」と表記される。ザサンとはどのような姿勢なのだろうか。産育研究の古典である『児やらい』には、「坐産」という項目がある。(6)

現在の出産は、産院でもまた家庭でも、ほとんど仰臥の状態であるが、四、五十年前までは全国的に坐産であった。現在七十二、三歳以上のお婆さんの中には、坐産の経験をもった人がかなりある。

旧式の坐産は日本だけでなく、昔は世界各国ともに坐産法が普通であったようである。(中略)今なお、未開人の間では自分で生んで自分でとり上げ、自分の手で産湯を使わせる方法が行なわれている。(中略)たいていナンドの畳を上げてむしろをしき、その上にボロをしいて、わらを二十一わ後に積んで、生む時は中腰となり天井から下げた綱に両手でつかまる。(中略)床板を上げスノコをしき、その上にむしろ、さらに古着で作った腰ブトンをしく。産婦はその上にすわって天井からつるされたイノチヅナという荒縄をにぎって産をした。（中略）ふとんによりかかって、大きな粉袋の紙をのしてその上にすわって産をしたという。（傍線筆者。以下同じ）

ここには「中腰となり天井から下げた綱に両手でつかまる」姿勢、「古着で作った腰ブトンをしく。その上にすわって天井からつるされたイノチヅナという荒縄をにぎっ」た姿勢、「ふとんによりかかって、大きな粉袋の紙をのしてその上にすわっ」た姿勢、という三通りの坐産が記されている。

大塚民俗学会編『日本民俗事典』「出産」の項目では、[7]「古くは坐り産が普通で、アラ蓆の上にボロ蒲団を敷き、藁二一束たばねてそれによりかかり、七日間は坐り通し、毎日毎日一束ずつ抜いていき二十一日目に忌明けとなるという風で（以下略）」とあり、ここでは坐産ではなく「坐り産」と記されている。

『日本民俗大辞典』「坐産」の項目には、「上体を起こして正座したり、よつんばいになったり、あるいは前に置いたこたつや、藁束によりかかったり、天井から吊した力綱にすがるなどの姿勢で分娩すること。伝統的な出産姿勢。出産がウミオトスと表現されることや人体の骨盤の傾斜度などから考えて、この姿勢は人類の原初的な分娩姿勢であったと思われる」とある。[8]この項目の執筆者である吉村典子の著作『子どもを産む』には、「伝統社会の坐産」という図があり（図1）、[9]瀬戸内海の島々を中心とした地域での聞書をもとにして作成された七つの図がのせられている。これらの図をみると、前述の『児やらい』同様、坐産といっても様々な姿勢のあることが分かってくる。

かつての出産風俗を描いた記録として引用されることが多いのは、昭和十二年（一九三七）刊行の『三州奥郡産育風俗図絵』である。[10]三州渥美郡福江町（現愛知県田原市亀山町）の亀鶴院という寺の住職の松下石人（旧泉町出身）が、かつて奥郡（旧渥美町）と呼ばれた渥美半島の明治中ごろの産育風俗について記録したものである。この中に分娩の図（図2）とともに次のような記述がある。

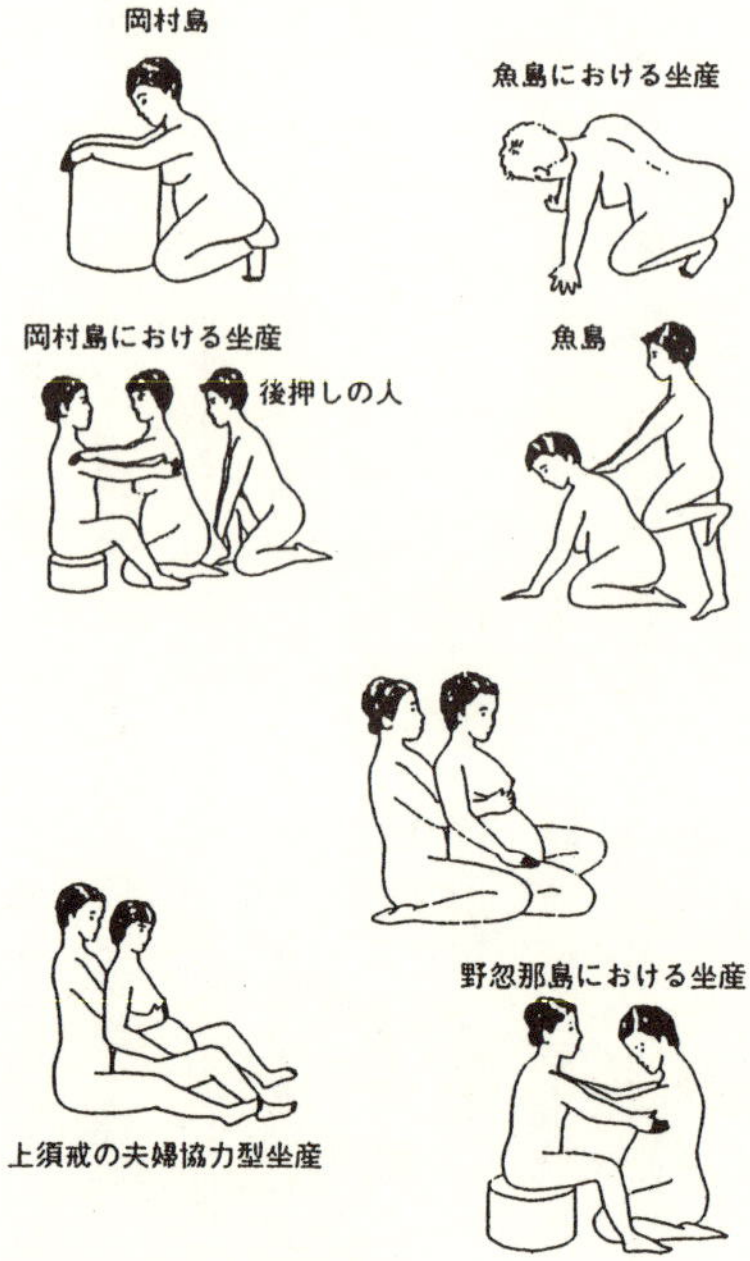

図１　伝統社会の坐産
（註（９）吉村より引用）

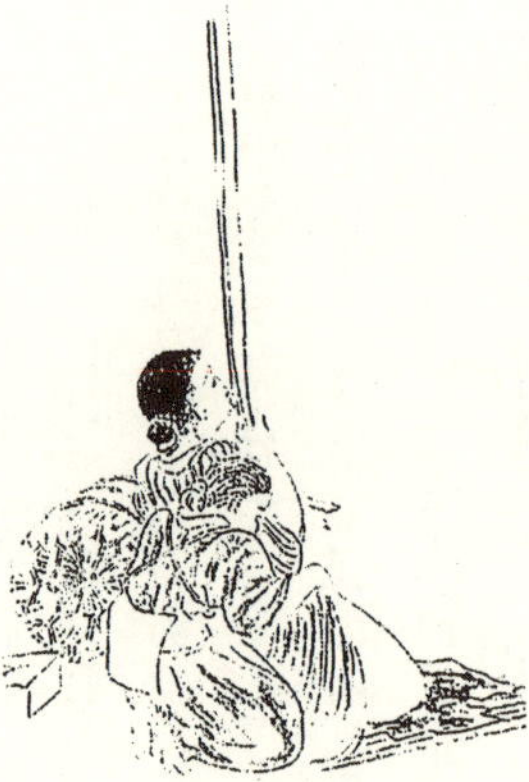
図２　明治中頃の分娩の図
（註（10）松下より引用）

現今では医学上の知識による産婆の手法で仰臥して分娩《ウマ》するが、明治中頃までは只経験と「キョウ」（才智、技術の巧みさ）とで「とりあげ婆さん」の助力によって産んだものであるから、殆んど自然に産出するも同様で、竹の簀子の上に「ボロ」を敷き、其の上に中腰となって力綱につかまり「イキミ」「モガイ」て胎水の破れ出づるを待ち、人工的手術としては、只「とりあげ婆さん」が腹を揉み下げ、或は背後より腰を抱いて「イキミ」「モガク」の助けをした程度で、「イキミ」「モガキ」の烈しい場合、年とった「とりあげ婆さん」一人で手に合はぬ場合、母又は産婦に親しい者が助力して産ましめたのであって、産婦の疲労は一通りではなかったといふ。

現今は「仰臥して分娩する」と断った上で、明治期の分娩習俗について言及している。文中には、坐産という言葉はなく、「中腰」とある。図には、ボロに膝をついて中腰となった産婦が、天井から吊した力綱に両手ですがり、背後からはとりあげ婆さんが腰を支え、腹をかかえて介助している様子が描かれており、その姿勢はまさに坐産と呼ぶことのできるものである。ここでの坐産の姿勢は、中腰で、曲げた膝は簀の子の上に敷いたボロについており、綱にすがり、腰は浮いているように描かれている。

日本各地の分娩姿勢についての伝承が集められているのが『産育習俗資料集成』(以下『産育習俗』と省略する)である(11)。表1は『産育習俗』の分娩の項目から、分娩姿勢についての記述を抽出したものである。『産育習俗』には、ただ「坐ったまま」と述べられているだけのものもあるが、膝を折って、わらに寄りかからせて坐らせる、安坐、足ごたつをかかえる、など様々に報告されており、坐ってのお産といっても、実際には様々な事例があったことが分かる。また、群馬県の事例では「立って子を産む」という立ち産の伝承も残っている。これらの伝承は、吉村の図や『三州奥郡産育風俗図絵』を彷彿とさせるものであり、「勝手わがままな形をすると難産だ」という伝承もあったが、勝手わがままとは、仰臥や平臥のことであった。一般に坐産とはいうものの、踵を上げる蹲踞や地面に踵をつけて屈む姿勢(便所の姿勢)、正坐、尻をついた姿勢や四つんばいなど、その姿勢は多様であったことが分かる。

表1　分娩の姿勢　(註(11)『産育習俗資料集成』より作成。ただ坐って産むと記述された事例は除いた。また同一都府県内で同じような記述があった場合は、一か所だけ取り上げることとした。)

	地域		概要
1	岩手県	盛岡地方	産気づくと産室の畳一枚を取り去ってそこへござを敷き灰を散布しその上に乾燥したわらを厚く敷き、更にわらのふたを敷いた上に妊婦を坐らせ、生米を少々かませる。これは力をつけさせるためという。次に産綱といって上から綱をたれて産婦はそれにつかまって力を出すようにし、また産婦の前に米俵一俵を置きこれも産婦の気張るのに用いる。

2	秋田県	北秋田郡各地	膝を折って産ませる風であった。
3	栃木県	阿蘇郡・塩谷郡	産褥にはわら二十一束を作り、これによりかかって産をさせる。
4	群馬県	吾妻郡原町	室の畳を除き、わらを敷いて産婦を坐らせ、そこで産ませる。産婦は前伏しとなり布団を積んだものに寄りかかって陣痛に耐える。
5	群馬県	吾妻郡太田村	まだ近年になっても、立って子を産む風俗がある。
6	埼玉県	農村地方	農村では必ず坐産で(中略)産婦は鉢巻きをし恵方(明きの方)に向かって分娩する。
7	千葉県	香取郡	軟らかく打ったわらの上に坐らせる。これをスワラという。また二十一把のわらを二把にたばね布団をかけ、これに寄りかからせて産ませる。
8	東京府	南多摩郡	分娩はうつむきになってする。
9	新潟県	北魚沼郡小千谷町	明治初年ころまでは、産室の畳を二枚起こして、そこへむしろを敷き、その上にわら灰を沢山置き、その上にわらくずを小束にして置き産婦の坐る所は特に軟らかいくずを置き、そこへ尻をまくらせて安坐させる。坐らせる。足を伸ばしたり、あぐらは絶対に禁じた。物に寄りかかること、寝ることも禁じた。そして産婦自ら両の手で背中の方から腹をなでさせ、また下から上に腹をなでさせる。傍らにわら束を二十一積み重ねてそれに寄りかかって分娩させ(後略)
10	新潟県	中魚沼郡水沢村	難産で長時間にわたる時は天井から帯などを下げ、それにすがって産む。
11	新潟県	東頸城郡牧村	難産の時は馬の下腹をくぐれという。
12	富山県	富山市付近	昔は坐産で、妊婦が灰むしろの上に、明きの方を向いて坐し、その背後にはわらを長方形に作り、それを畳表で包み、更に布団をあて、寄りかからせた(後略)
13	富山県	高岡市	天保年間以前は、産が始まると暗い納戸へ入り、ヤスダイ(安台)という三尺四方のちょうど坊様の高座のような一寸高い台で、両方に手すりがついたものを使った。その上に産褥を敷く。産褥といっても半枚のむしろの上にわら灰とわらとをのせて、産婦はその上に坐って、部屋の柱からはヤスナワというものをつるして、それにすがって産をした。

14	石川県	金沢	産室には産綱といって天井から木綿の綱または縄を下げ、産婦は黒羽二重または黒木綿の鉢巻きをし、綱を力に産に臨み、安台にもたれて姿勢を正しくして産む。
15	福井県	敦賀郡敦賀北村	出産の位置にいよいよ着坐する直前に、室の四隅に産婦自らがかがんであたかも小便をする型をし、それから産座につく。
16	福井県	大野郡	こたつのやぐらを持って坐って産む。
17	福井県	大野郡	坐ったままの姿勢で分娩する。また坐る前に天井から太い丈夫なひもを下げ力が足りない場合それにつかまる。
18	福井県	遠敷郡	タテといってわら束二、三束あるいは布団などを産婦の背に坐高に積んで、これにもたれて坐ったまま産をする。
19	長野県	本郷・島立	分娩の方法は坐居によるので、天井からサンナワ(産縄)という木綿または手拭地を適当の長さに縄として結びたらし、結びこぶを大きくしたものを握らせる。また男の帯を用いることもある。
20	長野県	更級郡	産は中腰で、ヤグラに寄りかかってする。これは力を入れやすいためだという。生竹を握らせるものもある。
21	長野県	松本平地方	産にはこたつやぐらを用意する。これがあれば人手を借らずとも安産するという〔洗馬〕。
22	岐阜県	益田郡小坂	昔の人はよく天井から帯を下げそれにすがって力を出す。
23	岐阜県	山県郡山県	畳を起こし行儀を正して産む。
24	岐阜県	大垣市	昔はこたつにつかまって産んだ。
25	岐阜県	武儀郡関町地方	畳をあげむしろを横に二つ折りとしてその中に灰を入れ、むしろの上に布を敷き、産婦を坐らせて分娩させる。
26	愛知県	知多郡日間賀島	良い日を選んで、頭上にあたる辺の天井にお伊勢様の綱をつるし、また俵縄でなったツルシナワ(吊し縄)を下げるための仕度をする。いよいよ産という時になると、そのツルシナワにつかまり力を得、前者の綱をいただいて産むのである。

27	愛知県	渥美郡老津村地方	縁には竹の簀掻きで、その上にわらを敷きもみがらを入れた俵が準備されている。妊婦はこのわら床の上に安坐して俵に寄りかかって助産婦に介錯されて出産する。
28	愛知県	北設楽郡段嶺村田峯	納戸で明きの方(荒神様のいない方位)に向かって分娩するのがならわしであったが、大正の初めごろから仰臥して分娩するようになったのでこんなことに頓着しないことになった。
29	愛知県	西加茂郡挙母町地方	旧来は部屋または納屋の一隅にわらむしろおよび灰布団を敷き、後にわら十三束または布団を高く積み重ねてそれに寄りかかり坐って分娩し(後略)
30	三重県	三重郡	産をする時には、上流の家では産台といって立派な塗り物の三方に布団を置き、産台に坐って産をする。そうして七日間坐りづめにする。下層の家では産台がないからわら十二束を布団の下に置き、三方に布団を置いて坐って産をし七日間坐っている(後略)
31	三重県	三重郡	往時は一般に産室の畳一枚をあげ床板の上にわらを並べ、むしろを敷き、妊婦の坐所に大形のわら布団を敷き、その上に灰布団を置いて産褥とし、天井から力縄という強靭なる苧綱を下げ産婦は安坐のまま力縄にすがって出産する。
32	滋賀県	愛知郡稲枝村	古むしろの上に灰を敷きその上に古布、またはわらすべなどを敷いて上から綱を引き坐産する習慣があるが近時は改善した。
33	滋賀県	滋賀郡堅田町地方	産室の畳二畳を除去しこれに替えて二つ折りのむしろをもってし、むしろ二枚の間にわら灰を挿入しかつむしろの表面にはわらを敷き、さらにその上にぼろを延べわら二束で枕とし娩出時には一般に坐位をとり、分娩後毎日わら一把ずつ抜き去り七日後になって初めて畳を敷き平臥位をとる。
34	奈良県	山辺郡豊原村	納戸を産室に充て、一隅の畳を除き床の上にむしろを敷き、わら数把をたばねたものを、背後の支えとして妊婦をもたれさせ、両脚をのべて分娩させる。分娩が終わると脚部に布団を覆う。
35	奈良県	磯城郡川東村	畳一枚あげてむしろを一枚敷き、足ごたつ一つ与える。それを抱えて分娩する。
36	島根県	隠岐島後中村	産気づくと土間のスヤに下がる。設けの高枕に面して坐し、全身で枕にすがるようにし、天井からの細引きを両手に持ち膝頭で立つようにして産む。

37	岡山県	岡山市	昔は分娩はもとより産後も一週間は坐ったままであった。したがって産の出やすいようにマクラサゲといって、米俵を抱えて産をするものもあった。
38	岡山県	和気郡伊里村	小田郡地方では今から約十年ほど前までは、ヨカリモノをして産をしたものである。これは米か麦の俵を産婦にもたせかけたもので、その俵の上には産の神様が腰をかけていて、安産をさせてくれるものであると信じられていた。
39	岡山県	和気郡伊里郡	産室の畳を上げむしろを敷きその上に襁褓を敷き、こたつやぐらを出してそれに寄りかかって産む。付き添い人が産婦の背面に坐して腰をさする。
40	岡山県	浅口郡連島町	昔は分娩にヨコネグスリを飲むと、横に寝て産をしてよいといった。
41	広島県	福山市	米俵に寄りかかり、こたつのやぐらにもたれて尻を浮かせて分娩する。
42	広島県	比婆郡峰田村	産婦は明き方(恵方)熊王子に反対の方角を向いて端座し、冬であればこたつやぐらを抱え米俵を背にしてすがり畳むしろを除いてわらを敷き、その上にぼろを敷き分娩する。
43	山口県	熊毛郡	出産時には米俵を置きそれをつかまえて産する。
44	徳島県	名西郡地方	産室は住家の奥まった隅に竹簀といい坐板の代わりに竹を張った半間ぐらいの所を作りその上にわらを敷き、坐産である。分娩後は昼夜とも坐って産褥を過ごす。ただしヨコネグスリという薬を飲むと横臥してもさしつかえないということである(ヨコネグスリの正体不明)。
45	愛媛県	新居郡新居浜町	昔は産気づくと畳を一枚めくって床板または簀子の上に荒こもを敷いた。これはナカザシといって米俵の中側の俵を切り開いたものである。その上に前方にこたつやぐらを置き、かねて用意のサンボロ、すなわち古布団のガワや衣類などの洗濯したものを敷いてやぐらにつかまって、ツクナン(踞)で産むのである。
46	福岡県	福岡地方	天井の梁から縄をつるしこれに絡みついて下向きになって分娩する。また金神の方を避け、東と南との中間に向かって寝る地方もある。また明きの方(歳徳様)を選び妊婦の頭を向けて行うために室内に斜位に寝床を敷くことがある。

47	福岡県	久留米地方	もみ米といって米一俵を産室に置き、坐ってこの俵によりかかり、馬の手綱を天井からつりこれを持って産をし、もみ米は後で産婆に与える家もある。
48	福岡県	一般	陣痛微弱などで分娩期が遅延すれば天井から麻ひもを下げてこれにつかまって、中腰となって分娩する。
49	福岡県	大牟田地方	産床は普通寝具の清潔で粗末な物を選んで延べ、別の布団一枚を四つ折りにして高くし、産婦はこれに寄りかかりながら分娩する。
50	長崎県	壱岐郡	仰臥して分娩することは極めて新しい。今でも昔風の人は坐してする。一方の足を折ってかかとを肛門部に当て、一方の足を立膝にして股を開く。

分娩の介助者について『産育習俗』より抽出したものが、表2である。分娩の介助者は、『三州奥郡産育風俗図絵』では「とりあげ婆さん」であったが、地域によりコシダキ（腰抱き）、トラゲバサ、産婆、産爺、夫、力の強い大きな男子、近親の男、など様々な人が担っていた。とくに難産や産が長引く時などには、「ウシロニハイル」などといって、とくに背後から抱き上げるとか、抱きかかえるとよいといわれており、その存在は全国にわたることが確認できる。

表2　分娩の介助者　（註（11）『産育習俗資料集成』より作成）

	地　域		概　要
1	青森県	中津軽郡船沢村	難産の時には夫が尻を抱き上げてくれると比較的楽に産を終わるという。
2	青森県	三戸郡舘村	ここでも出産の時後ろから腰を押さえてくれる人をコシダキといっている。産が長引く時には天井から綱をつり下げて、これにすがって産をしたという。

3	栃木県	水橋村	明治以前には腰抱きといって産婦を抱いて産を助ける風習があった。
4	新潟県	中魚沼郡水沢村	産気づけば手慣れたトラゲバサ(取り上げ婆さん)を雇い産婦の後ろからその腹を抱えなでながら助産させた。
5	新潟県	西蒲原郡国上村	産気づくと腰抱きといって、親しい女、女がいなければ亭主、あるいは近親の男が産婦を抱いてやったもので、そうすると産が楽であり、また産児が安全だという。
6	富山県	射水郡小杉町付近	重い産でなくともちょっと暇のかかるような時は、ウシロニハイルといって、産婦の腰を膝で支え、産婦と一緒に力をいれて力添えをし、産室で騒ぐことを禁じる。
7	富山県	東西礪波郡南部の山麓地方	時として夫または産婆が産婦の背側に坐して支持しまたは抱くようにすることもあるが、いずれにしろ決して平臥させない。
8	愛知県	渥美郡老津村地方	産室は(中略)縁は竹の簀掻きで、その上にわらを敷きもみがらを入れた俵が準備されている。妊婦はこのわら床の上に安坐して俵に寄りかかって助産婦に介錯されて出産する。
9	愛知県	知多郡日間賀島	産気づくとまず取り下婆さんに使者を走らせる。(中略)いよいよ産という際には寝床の上に坐り、脚を前に曲げ開いてツルシナワにすがり、ツルシナワのない時は助産婦の人に両手で前につかまって「どうぞまめで身二つにしておくんなされ」と心に念じていきむのである。
10	三重県	鈴鹿郡	分娩場所(中略)の東南隅の畳を除いて簀としその上にわらを敷き灰をまき古切れを広げて産婦を坐らせ、夫が抱きかかえて分娩させる。
11	滋賀県	坂田郡柏原村	昔は床の上にむしろを敷きわら灰およびわらすべをのせその上に古布を敷いて坐り天井から力綱をつるしこれにぶら下がって分娩する。分娩時は産婦の後ろから力の強い大きな男子を選び腰を抱いてもらい陣痛時にともに力んで分娩する。
12	滋賀県	犬上郡	三十年前までは敷物・畳などを除き床板の上に半むしろを、豆俵のさやにわら灰を入れ、その上にわらすべおよび古布を敷き産婦はその上に衣類をまくって坐り、天井から吊し縄といって細引きをさげ、これにぶら下がった。後ろには腰抱きといって力の強い者が布団を巻いてこれに腰かけ、両膝で産婦の側腹をはさみ両手を腋窩から前に回して心窩にて組み合わせ陣痛時に産婦とともに力んで分娩する。

13	岡山県	和気郡伊里村	こたつやぐらを出してそれに寄りかかって産む。付き添い人が産婦の背面に坐して腰をさする。
14	愛媛県	宇和島市	民間下級では米俵に抱きつかせ、後方から尻をたたいて分娩させるという極端なものもあった。
15	福岡県	鞍手郡	出産時には畳をはぐり、わらを敷き、その上に衣片をおおい後方から腰部を支え、または天井より緒をさげそれを力帯とし（後略）
16	福岡県	直方地方	（前略）また産婆がいない時は近所の婦人が行って産婆代用のようなことをする。また分娩する時妊婦を助ける人は手足などを持って幾分なりとも出産を早める。
17	福岡県	築上郡	畳一枚を七分通り一方に引きずり、そこにござを敷いて妊婦は天井から縄をつるし、これを頼りにツクダンデいる。そして後方から一人が補助する。
18	佐賀県	西松浦郡	産室に帯または綱をつるし妊婦は膝つきで下って下腹に力の入れやすいようにし、また腰抱きといって産婦の腰を抱えて分娩させる。
19	長崎県	対馬厳原付近	後方に布団を置いて寄りかかるともいい、前方から産婆なり他の婦人なりに抱いてもらいその後で前に物を置いて寄りかかるともいう。
20	大分県	日田郡	陣痛が始まると隣近所の女たちが集まって出産の手伝いをするが、これを俗にコシウタキという。それは妊婦の出産の構えが正坐であるため、近所の女たちはその妊婦の腰を抱いて気合いをつけなければならないからである。この時難産だったら柱に縄をつけて産婦の手に握らせキズマセて力をつけるのである。
21	大分県	北海部郡臼杵町	分娩に際しては、産婦は産座について、産婆または産爺に抱きつかせたり、あるいはこたつのやぐらに取りつかせたり、または天井からひもをつるしてそれにすがらせたりした。
22	鹿児島県	大島郡北部地方	分娩の時産室の天井から縄をつるし、産婦ににぎらせ力添えとする。難産の時は背後から抱く。
23	鹿児島県	大島郡南部地方	難産のきざしがある場合は、妊婦を縄でつり上げ、力強く男二、三名で絞り取る荒術が昔はあったという。

こうした一方で、畑で産気付き、産婦自らが赤ん坊を取り上げ、前掛けに包んで帰ったというような話もよくある。

表3　一人での分娩（註(11)『産育習俗資料集成』より作成）

	地域		概要
1	新潟県	東頸城郡牧村	中以下の者で比較的強壮な者のほとんど全部は、分娩はもちろんのこと、産湯を使わせるのも産婦自身が始末した。近時は村営の出産組合が出来て、産婆をやとうようになって、この習慣はおいおいやんだ。
2	石川県	江沼郡那谷村字菩提	わら灰をとってむしろを半分に切って、ネマッテ(坐って)一人で産む。
3	福井県	大野郡五箇村打波	本地方には産婆がなく分娩時には産婦自らが産児いっさいのことをなし、家人はその補助をする程度である。だから公設産婆などを招くことを好まず、他人が産室に入ることも特に忌む。
4	愛知県	渥美郡老津村地方	妊婦は家人と同居して平常と変わらず、労働して星をいただいて田圃から家へ帰り、その晩分娩した者も珍しくない。稀には一人で麦を刈りながら急に産気づいて畑畔で身二つになりもっこに嬰児を入れて自分で家に持ち帰った者もある。
5	福岡県	直方地方	産婆を呼ばず自分一人で産み、後始末をする者もある。(中略)産婆が間にあわない時は初生児の顔に何もかぶせないようにして綿で体をくるんでおく。

表3は一人での分娩についてまとめたものである。表からは、急な分娩だけでなく、数は多くはないが、はじめから産婆の存在がなく、分娩から産湯まで産婦一人で行う事例も少なからず確認できるのである。

仰臥産以前の分娩の姿勢をみていくと、かつては坐ってのお産が一般的であったが、その姿勢や、天井から下げた綱、コタツや布団・藁束などの補助の道具などは、地域や個人によって、また時によって様々であったことが分かる。

では「坐り産」や「坐産」が行われたのはなぜだろうか。人類の原初的な分娩姿勢といわれるように、そのことを端的に説明する伝承はない。そこでかつての女性の生活からそのことを読み解いていくのが本章の目的の一つとなってくる。

第二節　女性の日常

家事と労働　女性の日常生活の一部であった掃除・洗濯・炊事などの家事の姿勢をみていく。まず掃除であるが、はたきやほうきなどを用い、立って行うものもあったが、大黒柱を磨き、床を拭くなど、雑巾を手に持ち、膝を曲げて腰を落とすが、尻は床につけない、しゃがんだ姿勢や四つんばいになっての拭き掃除がよく行われた。洗濯は、家庭電化製品の洗濯機が登場するまでは、昔話に出てくるような川辺や井戸端での洗濯や、タライに洗濯板などを用いた洗濯など、水まわりでのしゃがんだ姿勢で行われるものであった。現在でも水の豊富な地域では、こうした姿をみかけることがある。

炊事には、材料の仕度と煮炊きがあるが、材料の仕度においては、現在一般にみられる立ち流しが普及するまでは、正坐やしゃがんだ姿勢での洗い物や庖丁作業が行われ、また煮炊きに関しても囲炉裏端であれば正坐など、また竈であれば、膝を曲げて腰を落とすが尻は地面につけず、地面には両足もしくは片足の踵をつけるしゃがんだ姿勢で、火の管理が行われたのは周知の通りである。焚き木をくべての風呂焚きも竈と同様であった。

農作業においては、「腰が入った」姿勢が求められ、腰を中心とした下半身に重点がおかれる姿勢での作業が行われた。そしてなれない作業などでは「腰が入っていない」といって叱られたのである。

このように女性の日常生活では、家事や労働にまつわる姿勢は、しゃがんだり、腰を入れたり、落としたり、そのほとんどが下半身に重心をおくものであった。

好まれる嫁のタイプ　こうした日常生活を続けた女性の下半身はいつしか発達し、腰の張った女性は働き者とみられるようになった。かつての農家の嫁として好まれた女性は、外見からいうと、見た目の容姿ではなく、腰がよく発達しているかどうかということだったようである。腰の張った女性は、また安産体型とも考えられており、嫁の外見的条件としては申し分なかったのである。よく働く女性は、子どももよくできる女性と捉えられていた。

現代風にいえば「下半身を鍛える」行為が、かつての女性たちの場合、日常生活の中で普通に行われていたということになる。

妊娠すると奨励されること　こうした生活を送った女性が妊娠した場合に勧められたことがいくつかある。一つは、妊娠前と変わらずに、あるいはより一層「よく働くこと」であり、もう一つは「便所掃除」であった。

現代社会では会社員の女性には産休があるが、かつての女性たちは妊娠したからといって、労働を免除されるなど、特別扱いされることはなかった。労働や家事は妊娠前と変わることなく続けることが当たり前であり、かえって妊娠前よりもよく働くことが奨励された。よく働かないとお産が重くなると考えられていたからである。「お産が軽くなるように」という分娩の生理作用のために奨励されたのである。

このこととは別の理由付けをともなって奨励されたのが便所掃除であった。便所掃除が妊婦に勧められた理由の一つには、労働の奨励同様、安産のためという理由もあった。しかしそれだけではなかったのである。便所掃除を行うと「きれいな子が生まれる」などといって奨励している伝承が各地に残されているのである。

現代の便所は、灯りがこうこうとつき、椅子状の便座に腰掛けて用を足す洋式便所であるが、かつての便所は今のそれとは異なり、灯りもなく、床に穴の開いた、あるいは便壺に板を渡しただけの汲み取り式であった。この便所では、用を足す時には膝を曲げて腰を落とすが、この方式を和式と呼んで、洋式と区別している。子どもであれば夜は怖くて入れないといわれたほどで、こうした便所の掃除が、大きなお腹を抱えた妊婦にとって大変であったことは想像に難くない。狭い便所の中でしゃがみ、時に四つんばいになりながらの掃除は、日常の家事や労働以上にしゃがむ必要のある姿勢だったのである。こうした便所掃除に関しては、便所の神様である女神との信仰伝承との関連で語られることがほとんどである。しかし便所掃除の姿勢は分娩の生理機能に直結するものであったため、妊婦の身体のためだけでなく、生まれてくる子どもの未来を理由に加えるなど、様々な理由を付加することによって、さらに奨励していたのである。便所掃除は分娩の身体技法に結び付いたものだったのである。

かつての女性たちは、日常生活の中で、ただでさえ意識しないうちに下半身が鍛えられていたが、その仕草や動作にさらに拍車を掛けることになるのが妊娠の発覚だったのである。つまりしゃがむ姿勢を出産にまつわる身体技法として捉え直すことによって、坐産の意義を捉え直すことができるのである。

坐産は、かつての日本女性の生活の所作（立ち居振る舞い）と関連性を持って選ばれた姿勢だった。つまり日常の立ち居振る舞いの中で行われていたしゃがむ姿勢や四つんばいの姿勢の延長が、分娩姿勢としての坐産だったのである。日常生活における様々な身体技法が分娩姿勢の身体技法として結び付いていたのである。

何のためにその姿勢が奨励されたのかということは、口頭伝承から直接結び付けることはできない。しかし、身体技法としてこのように読み解いていくことは可能ではないだろうか。

近年では出産とは直接関係なく、女性の健康問題として、骨盤底筋群の運動や骨盤のズレを調整するための運動がさかんに奨励されている。これらの運動は、かつては日常生活の中で、とくに運動として意識しないままに労働や日常生活の動きとして行われていたものである。

日本女性のしゃがむ姿勢や、しゃがまないまでも下半身に重心を置く、日常の多くの場面でみられた腰を入れるという姿勢は、地面を蹴り上げて歩き、椅子に座る習慣の西欧諸国の文化からは、地を這う姿勢と捉えられ、女性の地位を低からしめる姿勢として批判され、明治以降は地面から少しでも高くなるように指導されていくようになるのである。こうした姿勢は決して女性だけのものではなかったが、家事などを含めた日常生活の中で頻繁にこうした姿勢を取る日本女性は、とくに虐げられた存在として捉えられたのである。かつての日本人は、腰を落とし、膝を曲げて行う生活や作業が多かった。日常生活の正坐はもとより、竈まわりでの炊事、井戸や川など、水まわりでの洗濯や洗い物、雑巾を使った拭き掃除などの家事全般、また田畑での「腰が入った」農作業など、枚挙にいとまがない。近代以降は、こうした姿勢を取らない文明国である欧米諸国の人々から、地べたを這いつくばる姿勢として、批判されることになったのである。

そして女性の身体機能の一つとして、かつての産後に足を伸ばさせない習慣が、骨盤底筋の回復や産褥後すぐの労働復帰に寄与していたとしたらどうであろうか。産後の回復期間は地域によって異なっていたが、これはその地域の地勢と関連があったのではないかと考えている。つまり山・坂などの起伏の多い土地とそうではない土地、山間部と農村部とでの違いなどがあったのかもしれない。

かつての分娩姿勢である坐産は、日本女性にとっては、ただ「原初的な分娩姿勢」だったのではなく、日常生活と結び付いた、日本的な身体技法としての文化的産物だったのではないだろうか。

出産は、かつての自然のリズムで産む出産から、医学による病院での産まされる出産へと変化したが、現代ではラマーズ法を経てアクティブバースへと、自分の力を信じて産む出産へと回帰しようとしている。アクティブバースを取り入れた病院では、出産を進行させるために、陣痛が始まって後、身体を動かすように指導することもある。こうした状況において、かつての分娩の身体技法を読み解くことの必要性を感じる。

おわりに

民俗学は、産育に関して多くの資料を蓄積し、素材を提供してきたが、そのことを信仰や霊魂観などと結び付ける研究に重きをおいてきたため、産育の伝承自体を分析し、検証することはほとんどなく、またその活用には目を向けてこなかった。文献史学や教育学などからはそうした点に関して批判されている(12)。

現在産育の渦中にある女性たちは、「親たちが自分の親と同じ子育てをそのまま引き継がなくなってから生まれた」世代であり(13)、また十分な教育と情報を享受しているとの幻想から、「ふるさとを離れて東京で結婚した私たち夫婦は、典型的な核家族でした。出産までは、身辺にあふれている育児情報で、十分に子育てができるはずだと確信して(14)」いる世代である。しかし最近の報道などからは、実際には必ずしもうまくいっていないという現状が垣間見えてくるのである。こうした状況は、産育の伝承の調査に携わってきた民俗学の研究者にとっても他人事ではなく、『女性と経験』一九号の産育の特集号にのせられた「体験談と民俗資料」という座談会の報告からもうかがうことができる(15)。

これは、同誌上に自らの妊娠・出産・育児の体験を民俗誌的に報告したり、また自らの体験を基に研究を出発させてきた女性たちが数人集まり、子育ての「実態と従来の民俗資料との比較を通じて「産育資料」の信憑性、現実の子育てにむけての可能性について語り合いたい」と企画されたものである。「民俗資料は実際の子育てで役に立ったか」という問いかけに対し、「本当に少ないんです。聞き手に男性が多かったからかと思ったし、自分も経験してなかったから聞けなかった。今ならもっと細かい事を聞きたいと思います」とあるように、現役で民俗調査を行っている報告者も、「最初は育児書に振り回され、心配したり、悩んだりしました」と述べており、自分が経験して初めて実感できたことがうかがえるのである。調査研究に携わってきた者でさえこうした状況におかれており、一般の女性については言わずもがなであろう。

民俗学は、これまでに蓄積してきた莫大な伝承知を積極的に検証し、活用していく時期に来ているのではないだろうか。世代間伝承を望めない現代社会においては、民俗学が伝承知を次の世代に教育・普及していく役割を担ってもいいはずである。かつての伝承を分析・検証・普及していくことは、現代の私たちの生活を豊かにすることこそあれ、後退することはない。

またこのことは、無批判な近代化によって失われた、あるいは等閑視される伝承を、日本の文化的問題として捉え直していくことにつながるはずである。西洋産科学と職業産婆の登場によって変わったのは、分娩姿勢だけではない。女性の身体の伝承の変化は、産育全般を通してほかにもみられるため、今後も研究を進めていきたい。

註

（1）「特集　出産と生命」『日本民俗学』二三二号　二〇〇二年。最近では、分娩における取り上げ爺さんの問題を取り上げた板橋春夫『叢書・いのちの民俗学1　出産』（社会評論社　二〇〇九年）などもあり、新たな展開をみせている研究もある。

（2）『日本国語大辞典　第二版』六巻　小学館　二〇〇一年。「坐産」は「異常分娩。さかご」のこととあり、近世の史料においては、「坐産」とは、「臀、まずあらわるる」（『いなご草』）など、難産の一つをあらわす言葉として用いられており、現在とは異なる意味で用いられている。近世までは、坐産といえば難産の一つを表す言葉で、正常な分娩は「産」「お産」であり、特別な名称はないため、坐産という用語については、今後検討の余地があるが、本章では、近代以降の「寝産」の対義語として、産椅子などの道具を用いていないという意味を込めて、「坐産」という名称を用いることにする。

(3) 本書序章、第三部第三章。

(4) 前掲註(3)。川田順造も、『西の風・南の風』(河出書房新社　一九九二年)において指摘している。

(5) 地方では、産科医師や出産できる病院の減少など、出産環境が厳しくなっている現状もみられるが、首都圏などでは「自分らしいお産」や「望ましいお産」を求める女性たちの活動がみられ、十一月三日を「いいお産の日」として、各地でイベントが開かれている。アクティブバースとは、私流出産などといわれ、近代以降の産まされる出産から、産婦が主体となって産む出産への回帰で、出産姿勢は様々である。

(6) 大藤ゆき「坐産」『児やらい』民俗民芸双書　岩崎美術社　一九九六年(新装初版一九六八年)　七五、七六頁

(7) 大塚民俗学会編『日本民俗事典』弘文堂　一九七二年

(8) 『日本民俗大辞典』上　吉川弘文館　一九九九年

(9) 吉村典子『子どもを産む』岩波書店　一九九二年

(10) 松下石人「三州奥郡産育風俗図絵」『日本〈子どもの歴史〉叢書』12　久山社　一九九七年(初出一九三七年)

(11) 恩賜財団母子愛育会編『産育習俗資料集成』第一法規出版　一九七五年

(12) 中江和恵『江戸の子育て』文春新書　二〇〇三年

(13) 阿古真理『ルポ「まる子世代」―変化する社会と女性の生き方―』集英社新書　二〇〇四年

(14)　永畑道子「働く母親の子育て記」丸岡秀子・丸木政臣編『乳幼児期の子をもつ親へ』ダイヤモンド社　一九七九年

(15)　「体験談と民俗資料」『女性と経験』一九号　一九九四年

第三章　二〇〇〇年の産育儀礼

はじめに

近年、産育儀礼の調査を行っていると、最近は儀礼を行わなくなったという話が多い半面、昔は盛大ではなかったが、最近は盛んになったとか、昔は行わなかったが、最近では行うようになったという話を聞くことがある。中にはホテルを利用して結婚式の披露宴さながらに行われている七五三など、派手に行われ、イベント化されているものもある。

こうした現代の産育儀礼について、東京都足立区の事例を取り上げた佐々木美智子は、「時代の流れの中で大きく変化したものと余り変化しないもののあることが判明した。そして、それは儀礼と人間と社会との相関関係の中で微妙に変化していた」と分析し、「ミツメノボタモチやセッチンマイリのようにほとんど消滅していくものもあれば、腹帯は全員が戌の日に着用しているように盛んに行われている儀礼もある」と述べている。そして現代の母親たちが「数ある産育儀礼から必要と思われるものを選択し、婚家の母親を中心とする家の伝承をこれまた必要に応じて援用する」と分析している(1)。また花部ゆりいかは、自身を含めた新住民の子育ての経験を通して、現代の産育習俗について「話者自らの「ことば」による表現形態の中に、産育をめぐっての直截的な考え方や生活感情を読み取ってみたい」

とし、語りを通して「都市生活者の心意を明らか」にしたいと述べ、個人に焦点を当てることによって都市生活者の民俗を描き出そうとしている。(2)

本章は、そうした現代の産育儀礼について、自分自身の例を取り上げるという点で花部にならい、都市生活者（東京都区部在住）である筆者自身の体験を通してミレニアムベビーの事例について報告する。(3) 現在進行形のため、事例として取り上げることに迷いはあるが、二十世紀から二十一世紀へ移行する現代の子育ての真最中に見聞きした「民俗」について報告する。

第一節　育児のウワサと行事

―育児雑誌に見る育児の記事：二〇〇〇～二〇〇一年にかけて―

一　ウワサ

これまで民俗学で取り上げてきた産育に関する俗信や禁忌は、最近のマタニティー雑誌や育児雑誌などでは、ウワサ、伝承的ウワサとして取り上げられている。

『ひよこクラブ』二〇〇一年五月号では「育児のウワサ　うそ?・ほんと?」というタイトルで、読者の投書による「ばあばや先輩ママ」から聞いた育児のウワサを三十六例取り上げている。(4) そして病気やけが、発育などについての様々な育児のウワサに対して、監修の小児科医が医学的根拠や対処方法を示しつつ、科学的に解説している。根拠や理由を説明できないウワサについては、母親の不安や心配を取り除くようなアドバイスを行っている。

よく聞くウワサのベスト三には、「おっぱいをよく出すためには、おもちを食べる」、「たんこぶに砂糖水をすり込むといい」、「布おむつの方が紙おむつよりおむつはずれが早い」があげられている。このほかのウワサを項目ごとにまとめてみると表1のようになる。

表1　育児のウワサ　うそ?ほんと?

病気やけが	出べそには五円玉か、一〇円玉をはると治る	○
	頭を打っても泣いていれば大丈夫	
	やけどにはアロエを塗るといい	
	水ぼうそうになったら二十一日間、風にあててはダメ	
	たんこぶはもむと治りやすくなる。手で押さえるとへこむ	
	すり傷は猫になめてもらうと治る	
	熱を出したときは厚着をさせ、どんどん汗をかいて体の中の熱を出した方がいい	
発育・発達	うつぶせにすると首が早くすわる	
	歩行器で遊ばせると、早く歩けるようになる	
	「たかい、たかい」をしすぎると脳がダメになる	
	おしゃぶりをすると歯並びが悪くなる	
	指しゃぶりをしていると出っ歯になる	
	髪の毛の薄い子は、一度剃ると丈夫な毛が生えてくる	
	よだれの多い子は歯が生えるのが早い	○
	一歳より早く歩き始めると、その子は将来家にいられなくなる	
	寝る子は育つ	○
おっぱい・よだれ・しゃっくりなど	ママが甘いものを食べるとおっぱいも甘くなる	
	おっぱいで育てると病気をしない	○
	柿を食べるとおっぱいの出が悪くなる	
	ミルクで育った赤ちゃんは太る	

	おっぱいをたくさん出すには、めだかを生きたまま飲み込むといい	
	よだれの多い子は健康である	○
	大泉門に息を吹きかけるとしゃっくりが止まる	
	しゃっくりをしたあとはおむつがぬれている	
寝る・泣く・グズる	「信太の森の白ぎつね、昼は泣いても夜は泣かぬ」	
	夜泣きは愛情不足のせい	
	人見知りはぞうきんで顔をふくと直る	
	スーパーのビニール袋を耳元でガサガサさせると泣きやむ	
	かんの虫は神社でおはらいをしてもらうと治る	
	眉間を指でやさしくなでると眠けが出てきて眠る	
ばあばからや地方の言い伝え	つわりのきつかった赤ちゃんは生まれてから手がかからない	
	妊娠中にお葬式に出るとあざのある子が生まれる	
	三か月を過ぎるまで赤ちゃんに鏡を見せてはいけない	

（註（4）『ひよこクラブ』五月号より作成。下段○印は註（5）『赤ちゃんのためにすぐ使う本』二月号掲載のウワサと重複・類似のもの）

紙おむつやスーパーのビニール袋、歩行器など、伝承的とはいえない内容のものも含まれるが、かんの虫のおはらいや、おっぱいを出すために餅を食べることや、葬式に出るとあざのある子が生まれるといったウワサは、従来の民俗学で俗信や禁忌としてたびたび報告されてきたものと同じである。

事例1　はがきくらいの大きさの紙に、「信太の森の白ぎつね、昼は泣いても夜は泣かぬ」と書いて、赤ちゃんの寝ている布団の下に置いておくと、夜泣きが治まる、実家の母から聞いたおまじないです。試してみると、それまで三十分おきに夜泣きしていた娘が、一晩に一、二回ぐずる程度になりました。完全に治ったとは言えないけ

れど、多少の効果はあったみたいです。（大阪府）

事例1は表1の「寝る・泣く・グズる」の項目の事例の詳細である。これは、赤ちゃんの夜泣きに関する投書で、これまでの民俗調査でも報告されてきた夜泣きのまじないの一つである。この投書からは、科学で解決できない子どもの夜泣きに対して、実母からの伝承をもとに「おまじない」を実行したところ、完全な解決とはいえないが、改善がみられたという。実家の母親から受け継いだおまじないを、現代でも実践している若い母親の様子をうかがうことができる。類例として「鳥の絵を描いて逆さまにした状態でまくら元に置くといい」、「赤い布地で作った猿のぬいぐるみをそばに置いておくと、猿が代わりに子守をしてくれるので夜泣きしない」、「朝、起きたら一番最初に朝日を見せるといい」といった方法があげられている。

『赤ちゃんのためにすぐ使う本』二〇〇一年二月号では、育児に関する一〇〇例のウワサを取り上げ、「昔ながらの言い伝え」、「公園や保育園のクチコミ」、「雑誌や育児書の定説」に分類している。(5) この中で「昔ながらの言い伝え」として取り上げられているウワサは三八例あり、表1の事例と重複・類似したもの（表1下段の〇印部分）を除くと表2のようになる。

表2　育児の昔ながらの言い伝え

病気・けが	男の子は女の子より病気になりやすい
	熱があっても大声で泣けばまだ大丈夫
	風邪かな？と思ったら風呂に入れない
	高熱が出ると頭が悪くなる
	薬は水で飲まないと効かない
	頭を打ってもコブができれば安心

	鼻血が出たらすぐ綿をつめる 一番風呂は体に悪い
発達・発育	親の頭が絶壁だと遺伝する 遅く生えた歯は丈夫 爪に三日月があると健康な証拠 太っている子は座るのが遅い 早めにおすわりさせるのは腰に悪い ハイハイしない子は足腰が弱い 最初の毛を剃ると良い毛が生える
おっぱい・しゃっくりなど	母乳で育てると情緒豊かになる 母乳だと赤ちゃんの便が硬くなる 早すぎる離乳食は内臓に負担がかかる 離乳食期になんでも食べさせられたら好き嫌いはなくなる チョコレートを食べさせると鼻血が出る しゃっくりしても心配無用 指しゃぶりすると指紋がなくなる
寝る・泣く・グズるなど	身震いしたらおしっこした合図 頭の形は寝かせ方で決まる たくさん泣かせると内臓が強くなる 泣きやまない時はママの心臓音を聞かせる 泣く時はとことん泣かせる 毛の立っている子は夜泣きする つむじが多いとカンが強い 抱き癖はよくない 過剰な言葉かけはよくない

（註（5）『赤ちゃんのためにすぐ使う本』二月号より、表1を参考に筆者分類）

表1と同様に表2のウワサにも、これまで民俗学で俗信・禁忌として報告されてきたものもあれば、「風邪かな？と思ったら風呂に入れない」、「薬は水で飲まないと効かない」など、育児に限らず大人の場合でもいわれている内容のものや、「チョコレートを食べさせると鼻血が出る」など、言い伝えというにはあまりにも現代的な内容のものも、ウワサとして取り上げられている。

筆者がこれまでに生活の中で聞いたことのあるものは、出べその五円玉、歩行器を使うと歩くのが遅くなる、高い高いはいけない、寝る子は育つ、親の頭の形は遺伝する、しゃっくりをした後はオムツがぬれている、オッパイで育てると病気にならないなどで、おまじないなどは聞いたことはなかった。

二　行事

東京都から母子健康手帳の副読本として配布されている『赤ちゃん―そのしあわせのために』（財団法人母子衛生研究会発行）には、「通過儀礼・記念」のページが設けられ、産育に関する記念行事として表3の項目が取り上げられている。

表3　通過儀礼・記念

帯祝い	妊娠五か月目。日本には腹帯を巻く習慣があります。戌の日を選び帯を巻くのは、戌は多産でお産が軽いのでそれにあやかるという意味があります。
お七夜	現在は生後二週間以内に出生届を提出すればよいのですが、古くは誕生七日目のお七夜に命名するのがしきたりとなっていました。出生を祝う最初の行事です。
初宮参り	健やかな成長を願ってその土地の氏神様にお参りする儀式です。男児は三一日目、女児は三三日目ですが、日にちにとらわれず、気候のよい日、体調のよい日を選びましょう。

お食い初め	赤ちゃんに初めてご飯を食べさせるまねごとをする行事で、一生食べるに苦労しないようにと願いを込め、赤飯で祝います。一〇〇日目か一二〇日目に行います。
初節句＊	生まれて初めて迎える節句に行います。女児は三月三日、男児は五月五日。
初誕生日	一歳の誕生日に行います。
七五三	子供の成長を感謝し、将来の幸福を祈って神詣でをします。一一月一五日ですが、一般的には女児三、七歳、男児五歳の一〇月下旬～一一月中に行われます。

＊本来の意味からは「節供」と表記しなければならないが、一般的な育児書などには「節句」として表記されていることが多く、また筆者の家族も「節句」と認識しているため、本章では事例としてそのまま「節句」と表記する。

妊娠中の帯祝いを含め、七つの儀礼が取り上げられている。このページのほかに本文中に「赤ちゃんのお祝いごと」というコラムが掲載され、表3のお七夜、お宮参り、お食い初めのほかに、内祝いがあげられている。コラムの方が内容が若干細かく、お七夜は「生後七日目ころに行います。半紙に赤ちゃんの名前と生年月日を書いて、床の間や神棚など目立つ所にはり、無事出産を祝います」とある。内祝いには「お祝いのお返しをする場合は、お宮参りのころ(生後一か月前後)にします」。お食い初めは前述の説明のほかに「現在では、赤ちゃん用の新しい食器をそろえ赤飯に尾頭付きの鯛で祝う家庭が多いようです」とある。古いしきたりとことわりながらも一冊の中で二か所も行事の項目にページをさき、その意味を説明している。

これらをみていえることは、かつてはこの表以外にも数多くの儀礼が伝承されていたが、それらの多くはなくなりつつあり、この表にのるようないくつかの儀礼だけが育児書や育児雑誌などで特筆されているのである。そしてこのように取り上げられている数少ない儀礼だけが、地域に関係なく行われるようになり、イベント化されて残るのである。また育児書の記述だけが一人歩きすることにより、日にちの違いなど、地域的特色も全国的に一律になっていくかもしれない。

第二節　わが家の事例

一　妊娠・出産と育児の実態

妊娠中　妊娠・出産自体には、とりたてて儀礼というものはなかったが、安産祈願のために水天宮（東京都中央区）に出掛け、安産祈願のお守りと「鈴乃緒」とよばれる腹帯を受けてきた。(6) 鈴乃緒には、従来の腹帯状のもののほかに、マタニティーガードルなどに縫いつけることのできる小さい布状の鈴乃緒の守りというものもあった。腹帯の巻き方は産院でも指導してくれるが、(7) 筆者の場合、実家の母が覚えていなかったため、姑に巻き方をならい、戌の日といわず巻き始めた。お腹が大きくなってくると、帯でお腹をささえないと安定せず落ち着かなかったため、腹帯を巻いたが、不馴れなため、動き回っているうちにだんだんズレてきた。そのため帯は家にいる間だけ巻き、外出する時はマタニティーガードルでお腹をささえ、出産まで過ごした。

つわりについては、気持ち悪くなってトイレにかけ込むというステレオタイプなものは一度しかなく、当日は熱が三十八度もあったため、風邪を引いたのだと思っていた。食べ物の変化については、酸っぱいものを食べたいと思ったことはなく、ラーメンが食べられなくなったこと（出産後は戻ったが、当時は臭いも嫌いになった）と、あえていえば、妊娠後期になると毎日餡団子を食べないと気がすまないというくらいだった。体調の変化は、眠気が増し、暑がりになったことと、眼の疲れがひどくなったことであった。とりわけ眼の疲れはひどく、車の運転は十五分くらいしかできず（それ以上続けると頭痛がおこる）、また新聞を読むと目がちかちかし、読書もできなくなった。つまり体を酷使することも、頭を酷使することもできなくなったのである。

体重管理については、妊娠中毒症や胎児への影響などから最近では体重の増加は八キロくらいが望ましいとされている。そのため体重の増加が激しいと食事制限の指導が行われたりしている。筆者の場合は最終的には十五キロくらい増えたが、妊娠中毒症などの心配がなかったため、とくに厳しいことはいわれなかった。体重増加を抑える理由の一つに、産後の体型回復もある。『赤ちゃんのためにすぐ使う本』二〇〇一年五月号に、体重増加についてのアメリカの話がのっている。(8) アメリカでは妊婦の体重増加について日本のように厳しくいわれることはなく、逆に胎内において充分育ち、脳を発達させて生まれる方が望ましいとされているが、これには無痛分娩が普及している背景があるという。

出産・入院中　陣痛が始まり、陣痛の間隔が短くなってから入院し、自然分娩で出産した。筆者の場合、出産予定日を一週間過ぎていたため、もう少し遅れた場合は管理入院して人工的に出産を誘発する予定であった。後産もすぐに終わり、赤ちゃんの臍の緒を切って、口や鼻から羊水などを吸引した後、胸に抱き、初乳を与えた。そして沐浴の後再度対面し、一度抱いて写真撮影をしてから、赤ちゃんは保育器に入り、新生児室に運ばれた。

筆者は分娩室で二時間ほど休んでから、病室へ移動した。この後、赤ちゃんとは翌日まで離れて過ごし、翌日からは病院の方針である母児同室のため、六人部屋の病室で、沐浴や診察・育児アドバイス（沐浴・調乳・退院指導）の時間を除き、退院まで赤ちゃんと一緒に過ごした。病院での赤ちゃんは、朝のうちに検温・沐浴を行い、寝る・授乳・オムツ替えを繰り返し、たまに診察という毎日を送った。臍の緒は入院中、筆者が沐浴を見学している時にちょうどとれた。水気を切って、きれいに紙で包み、桐の箱に入れたものをもらった（かつては臍の緒は希望しないとくれなかったという)。入院中は、母乳・ミルクをあげた回数、便や尿の回数などを記録した。

入院中の食事は、産婦用の普通の食事のほかに、お祝い膳、ビュッフェ形式の食事が一度ずつあった。筆者の入院した産院では、産婦の要求をある程度受け入れていたため、筆者と同室だった中国出身の女性はお粥を主食とした食事の提供を受け、牛乳やジュースなどの冷たいものや、果物をとることはなかった。

母乳　母乳、哺乳瓶による粉ミルクにかかわらず、授乳のことをおっぱいといっていた。赤ちゃんの栄養について、佐々木美智子は、「偶然かも知れないが、⑬〜⑰までの人を中心に一覧表の後半部分に母乳で育てた人が集中している。また、母乳で育てた人の大半が、入院中に授乳指導を受けている」と述べているが、(9)これについては病院による母乳育児の普及が大きいのではないかと考えている。WHO(世界保健機構)とユニセフ(国連児童基金)は子どもの発達・発育、情緒面から母乳育児を推進し、母乳育児を勧めるための一〇か条を制定しており、(10)これを勧める病院も増えている。筆者のかかった産院は母乳育児を勧めており、系列病院は、WHOとユニセフによって「母乳育児を推進している施設」として「赤ちゃんに優しい病院」の認定を受けている。新生児検診などで孫に付き添うお祖母さんたちから、自分たちの時代にはミルク育児が勧められていたが、最近は違うという話を聞くことがあった。筆者がお世話になった産院では、出産後一日くらい赤ちゃんと離れて過ごすが、その間に母乳育児の重要性についての話があり、赤ちゃんを迎える前に看護婦さんが母乳が出るようにマッサージを施してくれた。退院後も多くの人が母乳育児を行っている。筆者の友人の話(数年前に同じ産院で第二子を出産)では、この産院では、数年前には現在以上に強く母乳育児を推奨していたということだった。

産着　入院中の赤ちゃんの着物は、産院で用意しているタオル地の、付け紐のついた前合わせの着物だったが、それ以外の子どもの産着は出産前に用意し、布オムツは出来合いのものを購入しておいた。そして今回の妊娠・出産で、筆者の民俗学の知見が唯一反映されているのは、出産後、実家で筆者自身の生まれたころの写真を見ていた時に、赤い麻の葉模様の産着を着て写っている写真を発見し、そのことを母親に指摘したことのみである。祖母がそういうことにはまめだったらしく、用意して着せてくれたという。筆者の指摘によって、そのことを思い出した母は、近所の店にわざわざ取り寄せてもらい、黄色の麻の葉模様の産着を孫に着せた。水天宮の出店では、麻の葉模様の産着を売っていたが、店の話によると、麻の葉模様の産着は最近では通常は店頭においていないため、取り寄せになるということだった。デパートなどのベビー服売り場でも、ほとんどみることはないが、たまに麻の葉模様の初着（打ち合わせを付け紐で結ぶ肌着型）やベビー服（ツーウェイオールというドレスにもズボンにもなるもの）なども販売されている。冬用のネルの材質だったため、普段に着せたり、後述のお宮参りの際に着せたりした。

ウワサ　妊娠中によくいわれたのは、子どもの性別について筆者の顔つきが変らないから女の子であるとか、逆にちょっと顔が変ったから男の子であるというものだった。筆者の出産・育児の過程で、前掲表1・2のようなウワサはほとんど聞かれなかった。出産後、実家の母が唯一知っており、実践していた俗信は、「オムツは夜干さない」というものだった。筆者は、子どもが三か月になるまでは、夜は紙オムツ、昼間は布オムツを併用していた（以後は紙オムツのみである）。実家の母は、意味は知らなかったが、祖母がそうしているのをおぼろげに覚えており、実践していた。そのため筆者も布オムツは昼の間だけ干すようにしていた。ちなみにベビー服は夜は室内で干していた。

地蔵の守り　息子が生まれてから二か月くらいのころに、何もないような方向に向かって、キャッキャッと笑っていることがあった。この様子をみた姑が「こういうのを地蔵の守《も》りというのよね」と教えてくれた。その後も何度かこの言葉を聞く機会があった。この言葉の類例は、『綜合日本民俗語彙』（平凡社　一九五六年）にジゾウワライ（地蔵笑い）として取り上げられており、「子供が寝ながら笑うのをウブノカミサマがあやしているという例は多いが、滋賀県坂田郡や、東浅井郡では、仏様または地蔵様が愛《（ママ）》しているのだといってこういう」とある。ウブワライ、チエワライ、エナワライなどともいい、乳児が寝ながら笑うのは、産神様がつねるから、産土様がくすぐる、産神があやすからなどといわれている。エナとは後産の胞衣をさすが、エナワライといって、乳児が寝ながら笑うのは、エナが笑わせるとか、エナにうなされるためという。またエナワライは、胞衣を埋める時に笑う習俗をいう地方もある。

二　行事

退院　出産後一週間は産院で過ごし、退院後は実家に戻り、約一か月過ごした。子どもの名前は生まれる前に決めていたため、産院の近くにあった区役所に、退院当日に出生届を提出した。そして退院当日に実家で半紙に名前を書き、ベビーベッドの近くの鴨居に貼っておいた。この後、お宮参りまではとくに儀礼というものはなく、筆者は、授乳、オムツ替え、沐浴など赤ちゃんの世話だけしながら実家で過ごした。

お宮参り　生後三十日目がちょうど休日にあたったためお宮参りに出掛けた。当日はまず写真店に出掛け、子どもに初着を掛けてお宮参りの記念写真を撮り、初着を借りたまま、家族総出で水天宮に出掛けた。水天宮では、祈禱を申し込み、社殿で他のお宮参りや安産祈願の人々と一緒にお祓いを受け、そのあと家族で会食をした。当日は日曜日で、神殿では初宮参りと安産祈願の祈禱を同時に行っていた。

最近の写真店では、お宮参りや百日の記念写真の宣伝をしている。筆者もお宮参りの日に子どもの記念写真を撮ったが、その写真店では、お宮参りの目安を男の子は生後三十一日目、女の子は三十三日目としていた。またお宮参り用の初着や帽子・よだれかけセットは、衣装無料として撮影料金に含まれ、撮影に使用したまま貸し出し、お宮参りに出掛けることができるようになっている。

お食い初め　百日目にお食い初めを行った。あらかじめ、塗りの膳に、九谷焼の飯椀、塗りの椀などがセットになっているお食い初め用の食器を用意し、当日は鯛の尾頭付きに焼き物やお吸い物・煮物・赤飯などを用意して、家族が揃ってお祝いした。この時、子どもには食べさせる真似だけした。

ちなみにこの間、初めてのお正月を過ごしたが、いつもの正月と変わりなく過ごした。お正月について実家の母親からは、これからは子どものためにお節料理などをきちんと用意した方がよいといわれた。

初節句　筆者の家では、男児だったので、初節句のために兜飾りとミニ鯉幟、天神様の人形を飾り、お祝いの席は店を予約し、内輪で会食した。またお祝いとして柏餅を食べた。

おわりに

東京で生まれ、核家族で暮らし、地縁・血縁からは遠く離れた環境で育った筆者は、およそ民俗からは離れた環境で生活していると思ってきた。そのためフィールドワークで地方に出掛けると、「狭い日本」といわれているわりに、日本各地には地域によって様々な儀礼や行事・文化が伝承されており、日本という国のすばらしさを発見することができた。しかし、今回、妊娠・出産という体験を通して、筆者や筆者の世代の周辺にも身近に「民俗」が伝承されていることを発見した。本章で取り上げた事例は、筆者は民俗学のそばにいるから民俗という言葉を使うが、現代の若い母親たちは「伝承的なウワサ」「しきたり」という言葉で表現し、また伝承している。こうしたウワサやしきたりは、実母や姑から教示されたり、同世代の友人や育児の過程で知り合った友人、保育園や幼稚園のお母さん仲間など、周辺の経験者からのクチコミでもたらされている。ただし、こうした儀礼が行われる背景には、花部ゆりいかのいうように、親世代との関わりの強さや儀礼の体験度、精神的な余裕などがある(11)。

若い母親世代の交流について花部ゆりいかは、「地域とのかかわりが少なくなった都市部でも、幼い子供を持つ母親は、公園という場を通してそれなりの交流をしている。公園に集う母子によって、新しいコミュニティーが生み出されているのである」と述べている(12)。今でもこうした光景をよく目にするが、公園デビューと呼ばれる新たな人間関係の形成は、一方では煩わしいものと考えられ、敬遠されることもある。近年ではさらに新しいコミュニケーションの手段として、インターネットやEメールなどのパソコン通信を利用する人々も増えつつある。筆者は入院中に、産院で知り合った産婦同士が退院の時にお互いのEメールアドレスを交換している光景を目にした。パソコン通信によって、家に籠りがちな新生児の母親でも時間を気にせずに友人と情報交換ができるようになり、また密接な関係を嫌う現代社会において、産育という目的を通じて見ず知らずの人とインターネット上で知り合うことができ、情報を入手したり、交換したりすることもできるのである。ここで密接な人間関係を嫌うとしたが、インターネットなど自らの選択した世界においては、関係を深める傾向もみられ、ネット上の知り合いと、オフ会といって、機会をみつけて、実際にあって交流を行っている事例もある。

筆者の場合、息子の儀礼については実家の母親が口を出すことが多く、孫の儀礼に関する祖母としての熱心さに驚きもした。母曰く「自分の子どもの時には、色々できなかったから、孫の時には…」ということのようである。この一言に、最近の儀礼がイベント化されている理由をみたような気がした。

前述の「地蔵の守り」は、医学的には自発的微笑とか、新生児微笑とよばれるものであろうが、その言葉から、産神ならぬ地蔵が子どもをあやすという意味を読み取ることができる。こうした言葉を東京で、しかも自分の子育ての機会に聞くとは思っていなかったため、とても新鮮な印象を持った。西暦二〇〇〇年を、そして二十一世紀を迎えた現代の都市の片隅にこうした言葉が残り続けていることに感動するとともに、記録として残す必要性を感じ、本章を著すにいたった次第である。数は多くはないが、日々の子育ての何気ない一瞬に民俗を発見することがある。これはかつて行われていた民俗ではなく、現在でも我々の生活の中に脈々と受け継がれているのである。少し気をつけていれば、こうした伝承に出合うことができるのである。わが家では、初節句が終わり、次は初誕生日といわれている。わが家でも息子が一歳前に歩き始めたら、初誕生日に一升餅を背負わせるかもしれない。

註

（1）佐々木美智子「産育儀礼の時代性」『母たちの民俗誌』岩田書院　一九九九年　一〇五頁

（2）花部ゆりいか「「ことば」で綴る産育習俗」『母たちの民俗誌』岩田書院　一九九九年　一〇七頁

（3）欧米では、西暦二〇〇〇年に生まれてくる赤ちゃんをキリスト教の千年紀に因んで「ミレニアムベビー」とよぶが、二〇〇〇年という区切りのよさから日本でも一般に広まった。一人の女性が一生のうちに産む子供の数を示す合計特殊出生率は一九九九年には史上最低を記録し一・三四人となったが、二〇〇〇年には一・三五人とわずかながら上がった。

（4）『ひよこクラブ』五月号　ベネッセコーポレーション　二〇〇一年　一七三〜一七七頁

（5）『赤ちゃんのためにすぐ使う本』二月号　リクルート社　二〇〇一年　二六〜四五頁

（6）一度は夫と出掛け鈴乃緒の守りを受け、もう一度は実家の両親と出掛け鈴乃緒の腹帯を受けてきた。

（7）筆者がかかった産院で配布されたマタニティーガイドブックには、保健相談の一つとして着帯をあげ、「着帯（妊娠5ヶ月の戌の日に安産を祈願して腹帯を巻くこと）」と解説し、さらし木綿半反（約四メートル）を持参すれば、巻き方の指導をしてくれるという。

（8）『赤ちゃんのためにすぐ使う本』五月号　リクルート社　二〇〇一年　三二頁
（9）前掲註（1）　九八、九九頁
（10）ユニセフより一九八九年に発表された「母乳育児を成功させるための10か条」
1母乳育児の方針を全ての医療にかかわっている人に、常に知らせること
2全ての医療従事者に母乳育児をするために必要な知識と技術を教えること
3全ての妊婦に母乳育児の要点とその方法を知らせること
4母親が分娩後30分以内に母乳を飲ませられるように援助すること
5母親に授乳の指導を十分にし、もし、赤ちゃんから離れることがあっても、母乳の分泌を維持する方法を教えてあげること
6医学的に必要がないのに母乳以外のもの、水分、糖分、人工乳を与えないこと
7母子同室にすること。赤ちゃんと母親が一日中24時間一緒に居られるようにすること
8赤ちゃんが欲しがるときに欲しがるままの授乳を勧めること
9母乳を飲んでいる赤ちゃんにゴムの乳首やおしゃぶりを与えないこと
10母乳育児のための支援グループを作って援助し、退院する母親に、このようなグループを紹介すること
（11）前掲註（2）　一二、一一二頁
（12）前掲註（2）　一二〇頁
（付記）息子は一歳を待たずして歩き始めた。そのため一歳の誕生会には、一升餅を背負わせた。一升餅は、かつて夫の姉

が背負ったことがあり、今回も早く歩き始めたら、餅を背負わせるという話になっていた。筆者の実家には、こうした伝承はなかったが、餅を用意し、和菓子屋からは、誕生餅という言葉を教えられてきた。わざと転ばせるということはしなかったが、眠い中、重い餅を背負わされたため、転んでしまった。「寿」と書かれた餅を竹の模様の風呂敷で包み、背負わせた。伝承の背景としては、生年は、夫一九六五年、筆者一九六八年、ともに東京生まれである。それぞれの実家は近くにあり、週に一度以上顔を合わせている。

第三部　暮らし

第一章　新潟県上越市の女性の暮らし

はじめに

上越市は、新潟県の南西部に位置し、北は柏崎市、東は十日町市、南は妙高市、長野県飯山市、西は糸魚川市に隣接し、新潟市・長岡市に次いで新潟県第三位の人口を擁する自治体である。

日本海に面し、市の中央部には、関川・保倉川等が流れ、この流域に高田平野が広がっており、平野を取り囲むように、米山山地、東頸城丘陵、関田山脈、南葉山地、西頸城山地などの山々が連なり、海岸部、平野部、山間部と変化に富んだ地形を有している。

冬期には日本海を渡ってくる大陸からの季節風の影響により大量の降雪がある典型的な日本海側の気候で、海岸部を除いた地域は全国有数の豪雪地帯となっており、高田には、雁木とよばれる独特の景観も残っている。雁木とは、雁木造りともいわれ、商店街のアーケードのようなもので、積雪期でも雪に煩わされずに通りを往来できるように、軒先の庇が道路に突き出すような形で設けられ、雪をよけることができるものである。高田には、間口が狭く、奥行きが広い、町家造りと呼ばれる建物が軒を連ねており、その軒先には総延長一六キロメートルもの雁木が続いている。

現在の上越市は、昭和四十六年（一九七一）四月に高田市と直江津市が合併して誕生した上越市に、平成の大合併といわれる平成十七年(二〇〇五)一月に行われた、周辺一三町村の編入合併、すなわち東頸城郡安塚町・浦川原村・大島村・牧村、中頸城郡柿崎町・大潟町・頸城村・吉川町・中郷村・板倉町・清里村・三和村、西頸城郡名立町を合わせた市域となっている。

合併以前の上越市は、旧高田市域の高田地区と旧直江津市域の直江津地区と南北二地区が中心となっていた。高田地区には江戸時代には高田城が築城され、明治以降も国や県の出先機関が設けられるなど、政治と行政の中心としての歴史が長かった。一方の直江津地区は古くは北前船、明治以降は鉄道と道路など陸海交通の要衝として発展し、港湾に面する立地を活かしての工業地化が進む地域である。合併に際し、歴史や特性の異なる二つの地区の中心部のほぼ中間点に位置する旧高田市北部の春日地区に市役所などの公共施設が整備され、以後、春日地区に市の行政機能が集積され、市街地化も進んでいる。高田・直江津地区などが市街地となり、その周辺で宅地化・商業地化が進んでいる。一方、これより東側の地域では、農業を中心とした土地利用が進められており、中山間地でも、農業生産が行われている。また山地、潟湖、海岸線など県立の自然公園などに指定されている景勝地も多い。

本章は、平成十七年の合併以前の旧上越市域での聞き書き調査がもとになっており、地名も当時のものである。

第一節　誕生と成長

一　子どもの誕生

人の一生は生まれた時に始まる。しかし生まれてくる子どもは、母のおなかに宿った時から、周囲の人々に少しずつ、その存在を知らしめていくのである。母親となる女性は「月のものがなくなる」といって、月経の停止によって変化を感じ、悪阻の始まりや身体の変化によって妊娠を知る。昭和三十年代くらいまでは、妊娠しても医者にかかることはなく、自分の身体の変化によって妊娠を自覚した。また妊娠したからといってとくに誰かに話すことはなかったという話もよく聞かれるが、周囲は、女性の身体が徐々に変化していくのをみて妊娠を知るのである。結婚すれば妊娠するのは当然のことと考えられていたため、特別なこととして扱われていなかった。上越では、妊娠に関する儀礼はほとんど聞かれず、妊娠前との違いは腹帯を締めることくらいであったという。これも自分で買ったという人もいて、特別なものとしては捉えられていなかったようである。腹帯はサラシを買って半反にして、結わくようにして着けたり、両端に紐を付けたり、あるいは鯨尺で七尺五寸三分（約二・八五メートル）にして巻くとか、人によって工夫があった。また五か月目の戌の日に腹帯を巻くと丈夫な子ができるとか、犬の安産にあやかるともされた。

ハツザン（初産）の場合はあらかじめ実家に帰って出産に備えるが、実家と嫁ぎ先が近い場合は、普通に家事や田畑の仕事をこなし、産気付いてから歩いて帰ることもあったという。働いていた方がお産は軽くなるといわれており、そうしないと姑や近所の年長者に叱られたという。妊娠前との違いは、重たいものは持たないとか高い場所での作業をしないといったことくらいで、ほかの生活についてはそれまでと変わらなかった。第二子以降は嫁ぎ先で産むことが多かった。

上越では、それぞれが住んでいる地域を、マチ（町）、ハマ（浜）、ザイ（在・在郷）、ヤマ（山）と地域認識している。在には山が含まれることもあるが、その場合、山と平場は区別して里と呼んでいる地域もある（津有地区の野尻・上野田・高士地区の北方、新道地区の子安）。こうした中で「町に生まれるということは、徳を持って生まれるってことなんだよ」ともいわれ、交通手段の乏しかった時代には、出産・育児環境にも地域差のあったことが認識されていた。

戦前までは結婚年齢が低く、避妊や家族計画といった知識もなく、一人の女性が子どもを産む人数が多く、初めての出産から最後の出産まで、妊娠と出産を繰り返す期間が長かった。また戦時中は「産めよ増やせよ」といわれ、子どもの数が多いことが歓迎され、一〇人子どもを産むと表彰された。長男の家に嫁ぐと、嫁ぎ先の姑が、出産可能な年齢の場合もあり、姑と嫁が同じような時期に妊娠・出産する場合や、嫁が来た後も姑が妊娠・出産することもあり、叔父の方が甥より年下ということもあった。こうした時代には、五十代に入った女性が出産することも少なからずあり、「五十の恥さらし」とか「五十の業晒し」という言葉も聞かれた。このような状況を大正元年（一九一二）生まれの職業産婆は、自らの経験を通して「昔の女性は粗食で五人も六人も産んでいたから達者だった」と振り返っている。

女性の妊娠可能期間が三十有余年に及び、一人の女性が多くの子どもを産んだ時代には、兄弟姉妹が多く、出産や子育ては身近な出来事だった。子どもたちは親や兄姉たちのしてきたことを見習い、自然と赤ん坊や子どもの扱い方を覚え、子どもは親だけに育てられるというよりも、家族全体で見守るというような意識があった。実際、働き盛りの若夫婦は子どもの面倒をみるよりも田畑の仕事を優先しなければならず、家に残る年寄りや、先に生まれた兄姉たちが下の子どもの面倒をみることになった。先に生まれた女の子は、子守りや家事だけでなく、母親の産後の身の回りの世話をできる年齢になっていることもまれではなかった。

二　出産と産婆の仕事

分娩介助をトリアゲともいい、トリアゲを行っている女性を一般的には産婆さんとよんでいた。明治期から戦前までは、医学を学び免許を持った産婆（職業産婆）と、取り上げ婆さんともよばれた手慣れた経験者たちが混在していた。明治生まれの出産経験の豊富な女性の場合、自分の出産の時に自力で子どもを取り上げて臍の緒を切り、後産（胞衣）の処理だけを産婆に頼んだという。職業産婆の数は次第に増えるが、戦前までは地域によってはまだ免許のない産婆も混在した。戦後の昭和二十三年（一九四八）、職業産婆は助産婦と改称され、平成十四年（二〇〇二）からは助産師に名称が変更された。そして、地域や家による違いはあるが、昭和四十年（一九六五）前後には病院での出産に変っていった。

戦後しばらくまでは、地域によっては、出産当日まで産婆にかかることのない妊婦が多く、陣痛が始まって「産気付」いてから、「腹が痛む」といって初めて産婆を呼んだ。産婆は自ら、妊婦の家に押しかけていくことはできなかった。免許を持つ産婆はちょっとした医者代わりのように使われることもあったので、ただ「腹が痛む」というので病気かと思って出掛け、その家に着いて初めて出産のあることが分かったということもあったという。お産が始まると、神棚には紙などを下げてかくし、お湯を沸かして出産態勢に入った。

戦後、町では妊娠期間中も産婆（職業産婆）にみてもらうようになった。出産後も毎日やってきて、産湯を使わせたり、母乳が出るように乳房の手当てをしてくれたり、産後の生活全般についてアドバイスしてくれた。時には、産婦の同級生くらいの若いお産婆さんが来ることもあり、そうしたお産婆さんの場合は、禁止される食べ物もなく食事も普通にできたという。

年寄りたちは「赤ん坊は潮の流れで出てくる」といっていたが、谷浜地区有間川のある職業産婆の経験では、出産は一般的に夜間が多く、昼間はめったになく、潮の満ち引きなどは関係なかったという。

分娩時の姿勢は、明治生まれの人は坐産もあったというが、職業産婆にかかるようになると寝て産むようになった。初産は長引くといわれており、胞姫さん（胞姫神社・柏崎市大字上輪）からもらってきた蠟燭に火を点けると蠟燭が燃え切らないうちに生まれる、といわれていた。

経験豊かな職業産婆は、初子でさかさ子（逆子）の場合でも自宅分娩で取り上げ、また双胎（双子）の場合でも自宅分娩させることができた。産婆は妊婦のお腹を触り、子どもの動き具合や位置の違いなどが判断できた。逆子は産婆が治してくれるが、妊婦の体質によってはすぐに元に戻ってしまうという。逆子は、分娩時に産道に引っかかり、肩の脱臼などをおこすこともあった。

昭和四十一年に病院で出産した野尻のある女性は、初めは自宅出産を予定していたが、胎児の首に臍の緒が掛かっていることが分かり、急拠そりで病院に運んだという。首に臍の緒を巻いて生まれてきた子を、年寄りたちは袈裟懸けといったが、袈裟懸けは産婆がお腹の上から触っただけでは簡単に分からない場合もあった。

生まれた子どもの大きさは、二七〇〇～三〇〇〇グラムくらいが普通であるが、かつては妊婦の体重制限もなかったため、一貫目(約三・七キロ)もある大きい子どもが生まれることもあった。

出産に必要なものは、実家で出産する場合は実家で用意し、嫁ぎ先で出産する場合は、妊婦が自分で用意することもあった。出産場所は、畳を敷いた部屋の場合は一枚だけ上げて、そこに屑蒲団といって藁を選《す》ぐった後の屑を入れた蒲団を一番下に敷いて、その上に灰布団を敷いた。一辺が五〇センチメートルくらいの座布団のような大きさで、いろりの灰を入れて作るため、重かった。水がこぼれた(破水した)下にあてるのは、ボロ布だったため、シーツなどの悪くなったものを用意しておいた。戦前は布団の上に三〇センチメートルくらいの藁布団を敷いたともいわれている。出産に使った布団は燃やすが、灰布団は、馬屋の敷き藁を積み上げた隅などに埋めた。後産の胞衣も、馬屋の土を掘って、馬の踏まない場所に埋めたとか、桑取谷の横畑では「産婆さんが埋める。それが行《ぎょう》だ」といった。家の者が埋めることもあった。アトバラ(後腹)といって、後陣痛が痛む場合は冷やせばよいが、医者から薬を貰うこともあった。

出産で亡くなった人の話は聞かれなかったが、高田の寺町には、板塔婆を小川の流水の上に立てるなどして弔った「流灌頂地蔵尊」(主にお産で死んだ女の人の霊を弔う)がある。

出産への男性の関与については、産婆をよびに行くとか産湯を沸かすなどというが、お産は女の仕事とされ、「男親が顔出しゃ、笑われる」とか、「ウロウロしていたら、側の人が笑う」といわれ、産婆などに遠ざけられた。実家での出産の場合には、生まれてから見舞いに行くこともあったというが、基本的には夫は妻の出産にはほとんど関わらず、所在なかったようである。

三　オビヤの生活

出産後、赤ん坊用の布団はとくに用意せず、母子で同じ布団に寝ていた。「産後の二十日は行しなきゃなんね」とか「二十日間全然日に当たんな」といわれ、出産後二十日間はオビヤとかオブヤなどといわれ、出産した部屋から出ないで寝て過ごした。この間は、部屋を出なければいけない場合でも、神様の下を通ってはいけないとか太陽にあたってはいけないともいわれた。また、素足では便所に行かれないといわれ、家の中で藁草履をはくこともあった。あるいは、台所に行ってはいけないといわれ、産婦は隔離され、食事などは家の者が部屋まで運んだ。手伝ってくれる家人がいない場合は、近所の人が手伝ってくれることもあった。オビヤの期間は、生まれた子が女の子の場合は「不浄がかかっている」といって一日多く、二十一日間になるともいわれている。「男の子は位がいい」といわれている一方で、育ちにくいともいわれている。産婦自身をもオビヤとよび、「オビヤは、ケガレモン」と考えられており、身体は不浄とされ、二十日過ぎるまでは家の風呂に入ることもできなかった。

分娩後、産婆はオシチヤ(七夜)まで三日・五日と、一日おきに来て、来る時には身体をきれいにしてくれたり、産後の面倒をみてくれたりした。赤ん坊の臍の緒が取れないなどというと十日くらい来ることもあった。しかし、基本的には七夜が区切りとなり、嫁ぎ先の姑や婿をよんでお祝いし、その時には産婆にお酒を一本つけることもあった。

だが産婆が来るまで産婦は子どもをかまうことができないため、ナツゴ（夏子）といって、夏に生まれた子は大変だった。産婆の往診については町では、戦後は半月も産湯をつかわせに来たこともあったというが、産婆の側からいうと、村の決まりで三日・五日・七日とされており、その日以外は行くことができなかったといい、地域によって異なっていたようである。本当は、分娩の翌日に診察し、乳房の手当てなどをした方がよいのだが、村の決まりゆえ仕方なく、三日目に出掛けていき、乳の手当てといって、乳房を温湿布でマッサージして母乳の出を促し、それまでは赤ん坊にお乳をくわえさせなかった。お乳を欲しがるようなら、ガーゼに白湯をしめらせてあげるように指導していた。

職業産婆は産後の診察で、産褥熱などの衛生面に注意し、子宮の回復などの身体の状態の説明や乳房の手当てなども行ったが、食事や衛生面などについて、それまでの迷信を破る話をしなければならなかった。

四　オビヤ見舞いとお乳

子どもに母乳を与えることを「オッパイくれる」とか「お乳くれる」というが、母乳を飲ませると産後の身体の回復が早いため、職業産婆は、乳房の手当といって、乳房がしこったら（乳房がはって固くなる）、赤ちゃんが飲まなくても乳房のマッサージをするように指導した。お産で赤ん坊が死ぬと、お乳をあげることができないだけでなく、職業産婆も通うことができなかったため、産婦のオビヤの肥立ちが悪かったという。

オビヤ見舞いといって、本家の人が餅を搗いて持ってきてくれたり、嫁ぎ先で産んだ時には、実家で搗いて持ってきてくれたりすることもあった。現在のオビヤ見舞いは、夏ならそうめん、冬はうどんなどに変わってきている。

かつてのオビヤの食生活は生ものはだめだとか、ごちそうは毒だとかいわれ、禁止されるものが多かった。ゼンマイは乳を増やすというが、ワラビは血を荒らすといって禁止された。病院で分娩した女性は、病院に見舞いに来た姑が病院で産婦の食事にサバがついたのを見て「オビヤに何でこんなものを出す」といわれたという。

食べてよいものは、重湯やお粥、おじや、梅干し、焼き塩などで、熱い餅を食べるとオッパイの出が良くなるといわれた。「お産の後はお粥から始めるんだよ」ともいわれ、お粥に餅を入れることもあった。食生活の豊かでなかった時代には、これが大変おいしいものとされ、普段おいしいものを食べると「オビヤの餅みたいだ」といった。

おじやは、ご飯に味噌漬けなどを細かくして入れて煮たもので、熱くしたものを食べるとお乳が出るとされていた。産後すぐには味噌汁は飲むことはできず、水分補給はお湯を飲む程度で、一週間ほど過ぎると味噌汁の上澄みなどが出るようになった。

有間川の大正元年生まれの職業産婆は、三人の子どもを実家で出産し、トリアゲは近くの職業産婆に頼み、産後の乳房ケアなどは自分で行った。そして実家の母親に対して、食生活の改善や産婦と赤ん坊の着物の洗濯など、衛生面の改善を訴えたという。

母乳が出なかったり、足りなかったりしたような場合は、母乳のよく出る人の所に貰い乳に行くことがあった。夜間にオッパイを貰いに行くことをヨヂチ（夜乳）といった。普段、母乳の出が悪い母親の乳を吸っている子どもは、母乳の出る女性のお乳を吸う場合でも、強く吸い、また、だらだら吸い続けたという。母乳が出ない場合は、ヤギを飼ってその乳を飲ませたり、米を擂ってお湯で溶いたものを飲ませたりした。粉ミルクが普及してくると重湯に粉ミルクを足したものなどを飲ませた。

谷浜地区茶屋ヶ原の乳母嶽神社は、子育ての神様として知られ、茶屋ヶ原の女性たちが作った藁製の乳型が掛けてあった。母乳の出ない人たちは、神社にお参りし、乳型を首から掛けて乳に当てて「乳下さい」といって願掛けした。お礼参りは好きずきで、色々な物があげられていたという。乳型には名前も何も書かなかった。昭和三十年ごろになって、粉ミルクが出まわるようになると段々とこうしたこともしなくなった。

産後二十日過ぎると「身体がおさまる」といわれ、トコアゲ（床上げ）してオビヤの生活も終わり、普通のご飯を食べることができたし、お風呂にも入ることができるようになった。これをオビヤアケとかオビアケといった。実家でお祝いし、嫁ぎ先に戻ってもう一度お祝いする。オビヤが明けて実家から嫁ぎ先に帰って来る日は、農家の場合はオビヤアキ後すぐというが、町では五十日経ってからとか、赤ん坊の首が据わってからなどといわれることもあり、家や地域によって異なっていた。嫁が帰る時には実家の親が付き添い、嫁ぎ先や親類、隣組に手土産などといって赤飯やまんじゅうを配った。嫁ぎ先では孫祝いといって宴席を用意した。

産婦はオビヤが明けると普通に働いた。仕事をしている時は、赤ん坊が小さいうちは寝かせたままにしたり、藁などで作ったツグラに入れておいたりした。みてくれる人がいない時は、そのまま放っておくことが多かった。炊事などのお勝手仕事の時はおぶうこともできるが、山間の田畑に出掛ける時には家においていく。母乳で育てていた時分には、赤ん坊にお乳を与えるために、仕事をしている母親のもとに、赤ん坊の面倒をみていた大きい子どもが赤ん坊をおぶって出掛けてきたこともあった。

五　赤ん坊の支度

妊娠は特別なことではなかったが、子どもが生まれるのはめでたいことで、子どもの誕生は親戚や周囲の人たちに周知される。第一子は男でも女でも歓迎され、出産祝いには、親戚や友達が来たというが、隣に住んでいても親戚でなければお祝いを持ってこなかったこともあった。

おしめや着物は嫁の実家で用意するため、赤ん坊の支度がととのうまでは、オビヤが開けても嫁ぎ先に返さないということもあった。子どもを入れるツグラも嫁の実家で用意した。中には婿方から産着を贈ることもあった。

生まれてすぐ着せるものを産着というが、出生直後はぼろ布にくるんで縛っておいたりしたともいう。「麻の葉のようにすくすく育つように」と、麻の葉模様の着物を生まれてすぐ着せたこともある。しかし、新生児死亡率の高かった時代には、子どもが生まれてすぐのうちは「育つか育たんかわからん」という意識もあったようで、生まれてくる子どもの着物などを早くから準備することはなかったともいわれる。そのため、たいていは赤ん坊が生まれて男か女か見定めてから産着を用意することが多かった。女の子には赤やピンク、男の子には青の絣や井桁の着物を用意したが、黄色は薬といわれ、体が弱いといわれる男の子にはとくに黄色や白の衣類を着せることもあった。直江津地区港町では、白か黄で背中に紐の付いたものを用意したという。

おしめはおむつともいい、古い浴衣や布団皮をとき、いい部分を取っておしめに仕立て直したため、色とりどりになることもあった。三〇～四〇枚は用意した。おしめカバーは、腰巻のようなものでゴム引きのものを作ったり、おしめの厚いものを刺し子で作ったりした。赤ん坊の最初の便は羊水を飲んでいるので汚いといわれ、薄くて柔らかい襦袢をほどいて半幅にしたものを用意しておしめに当てておいて、便が出ると一緒に捨てた。

子どもの里帰りといって、実家での出産を終え、嫁ぎ先に戻る時にはお供が子どもの支度の入った柳行李を背負って荷物を持って帰った。「孫生まれれば、実家から簞笥までつけてくれる」といって、生まれた子どもが三歳になるくらいまでに必要なおしめを始めとした下着、普段着、百日の祝いの着物、晴着、おぶい紐やカメノコ袢纏、袖付きや袖無しのネンネコ袢纏、布団などを用意して入れた簞笥を実家から持ち帰った家もあった。この簞笥をおしめ簞笥といった。

六　誕生から一年

上越市内では、かつてはあまり初宮参りはせず、最近になって行うようになったというが、桑取地区土口では、五十日参りといってお宮に孫を連れて行き、その後、孫祝いを行ったという。昭和四十年くらいまでは、オビヤ見舞いをくれた家に対して、紅白のまんじゅうに孫の名前を入れたものや豆大福などをお返しとして配ったこともあった。孫祝いは、嫁ぎ先で、死に騒ぎの時のような宴席を設け、嫁方の親や本家、親戚などの女性をよび、よばれた人は紋付の羽織などを着て出席した。町では百日で初参りや初宮参りをしたという。八千浦地区夷浜でも、かつては初宮参りは行っていなかったが、年号が平成に変わったころから行うようになったという。春秋のお祭りの時にその年に生まれた子どもを祈願してもらっている。またお椀などを用意して、食い初めをしたこともあった。

生まれて初めての誕生日には諏訪地区米岡では餅を食べさせたという。昭和三十年以前の子どもの歩き始める標準は、一年三か月くらいだったため、早く歩くようにといって、餅を搗いて背負わせたり、尻に付けたりすることもあった。横畑では、三升の餅を搗いて、箕を子どもの頭の上にのせ、箕の目の数ほど長生きするようにといって抱かせたともいうが、戦前までは誕生日や雛祭り、鯉のぼりなどのお祝いはしなかったともいう。誕生後の儀礼は地域や家ごとの都合による差が大きいようである。

初誕生は成長を祝う節目である一方、母乳を止めてお粥を食べさせるようにしたり、おしめをとって便所で排泄できるように仕付けたりするなど、農家の仕事が忙しく、四六時中、子どもに構っていられない母親たちにとって、子どもの身体面の仕付けを開始する目安となっていた。おしめのとれる年齢も現在より早く、夏になるとおしめをはずし、一歳半くらいでとることができたという。母乳をやめるためにお乳に百草丸を塗ったこともあったという。

着るものは、生まれてすぐの場合は、一つ身よりも一回り小さいものを用意するが、身体の成長に伴って、赤ん坊のころの一つ身から三つ身、本裁ちへと大きくなっていく。着物は男子と女子とで色や模様を変える。

七　子どもの成長と若い衆

初誕生以降は、昔は七五三のような成長の儀礼は行われなかった。青年会に入ったり、徴兵検査を受けたりすることが一つの節目になっていた。戦後しばらくして子どもの学校の入学祝が行われるようになり、他の自治体同様に成人式が行われるようになった。

初子の場合はたいてい祖父母が健在で、子守りは祖父母の仕事となり、次第に上の子どもが下の子の面倒をみるようになった。子守りのために、きなこの握り飯を持ち、子どもをおぶって学校に行ったこともあったという。親の仕事をみていた子どもは、大きくなると親の手伝いをするようになり、中学生になった長男が飯炊きや風呂焚きをしたこともあったという。

今の子どもたちは早熟であるが、昔の子どもは奥手であり、子どもが子どもらしかったという。身体の発達面でも同様で、戦前の女の子は今の子どもたちとくらべると、月経の開始が遅く、数えで十七～十九歳（満十六～十八歳）、早くても数えで十五、十六歳（満十四、十五歳）くらいだったという。また実際の月経期間も今の子どもたちにくらべると短かったのではないかといわれている。

子どもたちは学校を卒業すると家の手伝いをしたが、成長すると農閑期には「タビに出る」「タビに行く」などといって出稼ぎに行き、冬場の現金収入を補う者もいた。クチコミで行く先を決めたり、桂庵とよばれる職業紹介者を通して紹介されたりすることもあった。行かないと世間体が悪かったという。県外に出稼ぎに行く場合はタビといい、在郷の大きな農家などに住み込みで働く場合は在郷奉公といった。女性の場合は「嫁入り前の女中奉公」などともいわれ、東京に出て女中として働いたり、静岡などへミカンもぎの季節労働に出たりすることもあった。

こうした出稼ぎがある一方、海沿いの有間川などでは、冬場でも地元で現金収入になる海藻などが収穫できたため、外の地域に出稼ぎにいくことはなかった。有間川では、「三つ子から浜に入っていた」といい、海中に立つことができるようになるころから子どもは海に入ったという。そして数えで十三、四歳になると人のすることを見よう見まねで潜り始め、採ったものを売って稼ぎ、結婚する前の収入は親に渡した。

地域によって違いはあるが二十歳くらいになると、男女とも若い衆組とか青年会に入る。女子は嫁入りすると抜けるが、男子は所帯を持っても三十歳くらいまで続けた。結婚前の二十二、三歳までは小若い衆とよばれ、夜警をしたり、地域の休日の日取りを仕切ったり、祭りや遊びなどの行事を取り仕切った。また青年会の若い衆が、婚礼などに顔出しする地域もあり、お膳が用意されていることもあった。上越では、祝言などの集まりの時に男も女も、上手でも下手でも謡の一つくらいは出さないといけないといわれ、青年会の活動などで、農閑期には謡などを習うこともあった。男子は、若い衆の時には、村の労働力として様々な役をこなす半面、罪にならない程度のいたずらや悪事も行い、やがて一人前の青年として所帯を持つようになる。女子は学校を出ると家事や針仕事・土仕事などの家の手伝いをし、農閑期にはタビ仕事に出て、嫁入りまでの時間を過ごした。

第二節　家の結び付きと嫁の役割

一　家を守る

母と産婆に見守られて誕生した命は、父母をはじめとし、祖父母や親戚、隣近所や村の人々に見守られながら成長し、やがて大人になり家を支える存在となっていく。小さいうちから弟妹たちの子守りをし、水くみやランプ掃除など簡単な家の仕事を手伝い、学校を卒業すると家業を手伝い、タビに出て働いた。

後継ぎとして育った子どもは、家を継承し、盛り立てていく存在として期待され、他家へ嫁いだり、婿入りしたりする場合でも、やはりその家を守り、盛り立てていくことが期待された。数ある兄弟の中でも、長男が跡取りとなるが、男の子がいない場合は、「オラッチの代娘だから」といって、女の子が婿を取って家を継ぎ、子どもができない家では、養子をとって家が絶えないようにしたのである。

子どもは成人しても家を支える存在であることに変わりはなく、家の要である両親の意見は絶対であり、逆らうことはできなかった。親に逆らうということはその家から勘当されることを意味した。戦前の教育を受けた人々にとって、親から勘当されるのは恐ろしいことで、逆らえるものではなかったという。戦前に大阪や東京などの都会に出て自立し、看護婦として月給をもらっていたある女性も、「今なら考えられないこと」と前置きしながら、親から勘当されるのが恐ろしかったので、親の決めた結婚のために上越に帰ってきたという。

「くっつき」といって結婚前に子どもができて結婚する例もあったというが、現代のような個人と個人の結び付きによる結婚はほとんどなかった。

二　結婚の変化

結婚のことを、嫁もらいとか嫁取りなどといい、逆の場合は聟もらいなどといった。祝言は、土仕事に差し支えない、農閑期の秋から春の間に行われるが、雪の多い桑取谷などでは、「山に出る時になりゃ嫁取り」といって、春先の三、四月に行われた。

上越では、昭和二十二年(一九四七)ごろに生活改善運動の一環で、公営結婚といって、紋付の貸衣装を用意した公民館を式場とした結婚式が行われたこともある。昭和三十一年に結婚した米岡の男性は、「簡易結婚」といって、戦後公民館として使われた高田公園内の偕行社で結婚式をした。上越では昭和五十年前後を境として、会場を借りて結婚式を行うようになり、結婚と結婚にともなう儀礼も変化していった。

かつての結婚では、嫁は家の労働力としての役割を期待されていたが、生業形態の変化や女性の社会進出など、時代や社会の移り変わりとともに、次第に個人の意思が尊重されるようになってくると、見合いをしても相手が気に入らない時は断ることができるようになった。男女の知り合う機会が増えると、次第に恋愛などによる個人と個人の結び付きによる結婚へと変化し、夫婦二人の家庭の伴侶へと変化したのである。上越市内で現在のような恋愛による結婚が多くなってきたのは昭和四十年前後のことで、それ以前は知人や仲立ちの人を仲介とした見合いを経た結婚が行われていた。見合いによる結婚もそれほど古くから行われていた形ではなく、昭和三十年前後のことで、第二次世界大戦前には見合いもなく、仲立ちの人を通して親同士の間だけで決められていた。現在では、仏教の宗派の違う者同士の結婚もあるが、昔は「禅宗は門徒(真宗)にくれらんね」などという話もあった。

しかし、相手の顔を知らないとはいっても、全く知らない土地の人を相手とすることはまれで、たいていは同じ村落内や近隣の村落から相手を選ぶことが多かった。しかし全く顔も知らない相手との結婚もあり、そうした場合にはナレワザといって、結婚してからだんだん夫婦として慣れ親しんでいったものだという。

三　縁付く範囲

かつては地域に一人は世話好きな人がいて、年ごろの男女の結婚の世話をしていた。こうした人を世話人とかチュウニン・ナカウド(仲人)といった。土口では親分が仲人をする場合もあり、祝言の時には嫁・婿に付き添い、無事祝言が済んだ後は、夫婦に何かあれば相談に乗ってくれた。また「聞き尋ね」といって、仲人が結婚話を持ってきて、結婚が決まりかけると相手の家の格式などを相手のグルワ(近所の人)に聞いて調べることもあったという。

親の目の届く「近間に縁付けば運がいい」とか、「七つの徳あれば生まれた土地に縁がある」などといわれていたが、たいていは同じ地域内で嫁や婿の行き来があり、近隣で結婚相手をみつけることが多かった。田植などの仕事の機会に手伝いに来た娘や青年などを気に入って話を付けることもあった。戦後は盆踊りなどで気に入った相手をみつけ、後で仲人を立ててお願いしたという多少恋愛の要素の入った結婚も出てきた。同じ家同士で嫁のやり取りをすることをシモノガイとかシモリガイなどといい、兄妹の子ども同士、つまりいとこ同士の結婚はサイフガイといった。

結婚に際しては、結婚相手の家で何をして働くのかということに関心があった。同じ村の人と結婚する場合は、仕事の内容も知れているが、他の村に嫁ぐ場合はどのような仕事をするのか分からず困ったという。有間川の場合、土地の女性たちは浜仕事をするが、他所の村から嫁をもらう場合、浜仕事はしなくてよいと口説かれて嫁いでも、結局は見よう見まねで仕事をするようになった。それでもできない嫁の場合は「四十年の不作」といわれることもあった。有間川では、嫁のやりとりは村落内で行われることが多く、同じ海沿いでも、谷浜地区長浜は、直江津地区虫生岩戸や有間川とは婚姻を結ばないが、直江津の在の方とは嫁のやりとりがあった。野尻あたりでは、清里村や牧村と嫁や婿のやりとりがあった。

四　結婚の承諾と結納

かつては婿入りも多かったが、祝言とか結婚式といわれるお披露目のやり方はほとんど嫁入りの場合と同様であった。

嫁取りの結婚が決まると、固めの杯とか、決め酒、たもと酒などといって、「一生」という意味をかけて婿方では嫁方に酒を一升持参して、酒を酌み交わし祝言の日取りを決めた。決め酒が済むとお互いの家を行き来するようになる。土口や横畑では、結婚を承諾するとお茶納めを行う。婿方から嫁方へ熨斗の掛かった袋入りのお茶を一斤(一キロ二〇〇グラム)持っていき、祝言の日取りを決めた。結婚する本人同士が顔も知らないという時代には、現代のような結納はなかったともいう。決め酒が終わると、嫁入りの場合は「婿一見《いちげん》」とか「結納一見」などといって、祝言の前に婿が嫁方の家に呼ばれて仲人と出掛ける。嫁方では、本膳のようなごちそうを用意した。婿方では、この料理をみて祝言当日の料理を決めた。この時に祝言の時のようにチカムカエやオチツキノモチを出すという地域もある。また、あまり一般的ではなかったが、アシイレ(足入れ)といって、祝言の前に嫁が婿の家に泊まることもあったという。

なお、婿入りの場合は「嫁一見」といって、嫁が婿方に出掛けた。結納を行う場合には、婿方の家に、仲人、両家の親、本人同士、親類二人くらいが集まり、結納を執り行って正式な承諾となっている。婿方の奥の座敷で行い、嫁方が上座に座った。その後お祝いの御馳走が出る。結納を行う場合は、その時の料理が祝言の料理の目安になった。結納が終わると仲人と婿方で祝言の正式な日取りを決めた。結納品は、結納金、指輪、酒(一升、三升など奇数)、酒樽、目録、するめ、友白髪(麻緒)、結びつきの意味で昆布、末広がり(扇子)、海老か鯛などで、嫁方が持参し、目録に従って結納の品を並べ、仲人がそれを読み上げて確認し、床の間に飾る。

五　嫁入り道具と着物

嫁入り道具として、箪笥・長持・柳行李・下駄箱・衣装箱・盥・手桶・夜具(掛け布団・敷布団二つ、客用かいまき、蚊帳)・下駄(高下駄・箱下駄)などを持参した。箪笥には把手がついており、棹を通して運ぶようになっていた。この他、嫁入りの場合、衣桁・鏡台・張板・仕立て板などの道具のほかに、普段着や仕事着、よそ行きの着物、喪服なども持たせる。婿入りの場合、袴・靴や洋服なども用意するが、こうした道具や衣装は時代や職業によって変化した。

かつての嫁入り道具には、三重ねの桐箪笥がつきものであったため、娘が生まれると箪笥を作るために桐の木を植えた。結婚には多額の費用がかかるが、金谷地区中ノ俣では、祝言から一週間過ぎたころに、嫁の里方に祝言にかかった費用がある程度戻ってきたという。

道具運びは、荷造り・荷物送りなどと呼び、祝言当日に行われる場合もあるが前日までに行われる地域もある。荷物が到着すると婚家では、本膳、中膳、若い衆呼びなど複数回行われる披露の席の間中、外からみえる所に並べて飾っておいた。

戦前の花嫁の衣装は、裾模様の入った江戸褄の着物を着て帯を占め、筥迫（紙入れ）や扇子を打ち合わせにはさみ、髪は島田髷に結って角隠しを付けた。しかし、昭和十八年ごろは戦時中で着物を作るにも切符制の上に自粛ということで、花嫁は裾模様の入った着物を着ることができず、黒の紋付だった。着物は代譲りで着ることが多かったが、継ぎはぎをしても着なければいけない上に、黒無地にしなければならなかった。そうでない場合はモンペや上下同じ布で作った活動着だった。こうした状況で下着は白でも、ナガジバン（長襦袢）だけは赤いものにするなど工夫した。また帯まで黒くするようにはいわれなかった。その後は着物を着ることもできなくなり、昭和二十年の嫁入りでは、モンペと作業服だった。

戦後の昭和二十三年になると江戸褄を着て、帯を締め、かつらをつけることができるようになった。その後公民館での貸衣装による結婚式などもあったが、昭和五十年ごろには、結婚式場で打ち掛けやウェディングドレスを着るようになり、お色直しも数回行うようになった。

もあった。

六　嫁入り道中

花嫁は、朝、仏壇に親子でお参りして家を出る。下野田（津有地区）では嫁入りの時に、寺に挨拶してお茶を飲む。なお、上野田では寺に挨拶しない。歩きで嫁入りに出立する時、有間川などではオタチ酒を出した。めでたいことは午前中というが、昼前に嫁に行ければよく、ヨシュウゲン（夜祝言）といって、夜間に嫁に行くこともあった。

花嫁行列は、仲人が先頭になり、両親、嫁、親類代表などが続いた。ニショイ（荷背負い）とかニモチなどとよばれるお供が、嫁入り道具を背負って一緒についていくこともある。お供が、縄や、大きなワラビや唐草模様の風呂敷で荷物を背負った。嫁は近い場合は歩くが、遠い場合は人力車や自動車を使った。

道中、オショウギといって縄を張って行列の足を止めさせることもあり、その場で花嫁を見せたり、長持唄や若松様などのめでたい歌を歌ったりして祝った。縄は両端を持っているだけで、唄が終わると解くが、こうした縄を道中に何本も張って、嫁入りの歩みを遅くした。米岡などでは、嫁入り行列に子どもたちがついて歩くとキャラメルなどのお菓子がもらえた。

婿方では、チカムカエ（近迎え）といって男女二人が嫁を出迎えに出て家まで先導する。車で来た場合は、少し手前で降りて迎えを受ける。近迎え役は、かつては男女の子どもだったとか三人だったとかという地域もある。

嫁ぎ先の家に着くと、トマ口から入って座敷に上がるが、北方などではデンジマから入ったという。婚家に入る時に、小謡や長持唄などを出すこともある。

嫁方は、婿方の兄妹や近所に対し、お印としてお茶を包んだものを持ってきたり、高田地区の大町では、仏さんや小姑への土産といって、奉書で包み水引を掛けたものを二つ用意してきたりしたという。

七　祝言の流れ

現在では式場などを借りて結婚式や披露宴を行っているが、昭和五十年ごろまでは、家の座敷で祝言を行っていた。祝言の進め方は、地域や家、また時代によって多少の違いがあるが、ここでは昭和二十八年に行われた祝言の記録をもとにみていく。

嫁が嫁ぎ先の家に到着すると、「待ち謡」といって、謡を出して家へ招き入れて、給仕人が座敷へ案内する。

座敷には亭主役が待っており、口上を述べ、お茶(煎茶)を一回出す。そこで箱入りのお茶菓子を出し、もう一度お茶を出す。次に「お着(つき)」を出してから、もう一度お茶を出す。「お着」はお着きの餅のことで、お盆に五つ盛るが、一つ食べるとお代りといって継ぎ足す。お着きの餅には大福やうぐいす餅を出すこともある。その席で引き渡しといって、唐草の風呂敷に包んだ行李に入れた目録と、祝儀物という大熨斗に包んだ結納品と同じようなものを婿方に渡す。これが終わると親類の挨拶といって、嫁方の親兄弟など一家全員を紹介し、神棚や仏壇にお参りする。

床の間には高砂の掛け軸を下げ、フキ三宝(三宝にフキで作った飾りをのせたもの)やコブ(昆布)を飾る。屏風を立てて、熨斗折りで作った雄チョウ・雌チョウの飾りをつけたお銚子と杯で三三九度を行う。

その後配膳が行われ、本膳が始まる。吸い物は中身を変えて二度出す。そして冷酒を出し、食べても食べなくても一度ご飯を出す。次に燗酒を一杯出すと宴席では余興が始まる。頃合いを見て「おタチメシ」といってご飯と味噌汁を出す。もう一度燗酒を出してから、「料理ノ給仕」といって、吸い物を出す。その後「大サカヅキ(大杯)」といって、三宝にのせた五段杯を出し、酒を入れて取り回すが、杯が空かないとだめといわれ、口を付ける。途中で婿が顔を出し、嫁方に挨拶する。

取り回しの酒が終わると千秋楽の謡を出す。その後招待客は座敷を変わり、元の座敷では残った料理や菓子などを引き物として包む。土産物の菓子には蒸菓子や落雁などを用意する。遠くから来ている人には、長持ちする粉菓子などを用意し、近い人には魚を用意する。

客は別の座敷に移ると、小膳にのった「立ワ(起ち端・立羽)ノソバ」を出され、ここでも燗酒が出て、その後お開きになった。帰りに「ワラジ酒」といって、二升の酒を嫁方に持たせた。

座順は、花嫁を上座にして、仲人・お供の人たちが中心となり、婿方は顔を出さないという地域が多いが、中ノ俣では、嫁と婿が正面に座り、親が両脇に座る。婿の親や年寄りも膳につき、仲人が下座に座る。亭主役は、お着きのお茶が終わるとあまり用はなく、後は二人の給仕人が料理や酒の手配を行う。

オッツキノモチ(お着きの餅)は、花嫁が到着してから搗いたという地域もある。ウグイス餅などにするが、中ノ俣ではオロシ餅にした。現在では、式場に出掛ける前に仏壇にお参りし、その時三宝にウグイス餅を五つのせ、桜湯とともに出している。有田地区春日新田では、オツキのお茶といって、桜湯と煎茶を出すという。上野田では、「稲の花」といって、黄粉の餅を三つ出し、一つ食べたら下げておかわりし、三つにして後で持ち帰る引き物にした。

中ノ俣の昭和四十五年の婚礼では、赤く染めた鉢巻をした女性三人が嫁を迎えに出て、嫁が玄関に入ると迎えの女性がお着きの餅を搗いた。餅を搗く音を聞きつけた近所の人たちが嫁を見に小豆を入れた袋を持って集まり、土間のニワから座敷にむかって小豆を撒いた。お披露目は三日間続き、嫁の付き添いも泊まるが、この間小豆を掃いてはいけないため、その上に座らなければならない場合もあり、足が痛かったという話もあった。三三九度の式が終わると屏風の裏から豆を撒き、その後本膳になったという地域もある。上野田では、本膳の終わりごろの大杯に酒を入れて取り回すソウザケの時に「一つ謡を出して、祝いましょう」といって大豆を撒いた。横畑では、三三九度はなかったが、親子杯をしたという人もいる。

料理は、お膳のほかに小膳がつき、ほかに取り回しといって重箱や大皿に入った煮物などが出る。またごちそうの最後に鯛をのせて飾ったシマダイ（島台）というものを出すところもあった。昔は尾頭付きでなかったが、北方の大屋の家では、婿方の紋が入った板付（蒲鉾）を用意し、最後に折詰にして、持ち帰りの土産とした。荷持ちのお供はこうした料理などを間違いなく送り届けるのが役目だったため、酒盛りが始まっても酔っていられなかった。

余興には踊りや謡、唄が出され、ウソヨメとかニセヨメ・ニセムコという余興が出るところもあった。一人は嫁に扮し、仲人・親・お供の人がついて座敷に入り、一踊りし、スリコギや人参を男根に見立てた婿も出てきた。また子安などでは座持ちの上手な人が春駒をやることもあった。大杯の時には、嫁から順に飲んでいくが、飲みきることができないとサカナ（肴）といって謡を出した。婚礼には始まりから終わりまで謡がつきものだった。

祝言は、本膳に始まり、中膳、村呼び、親類呼び（親類膳）、若い衆呼び、友達呼び、夜呼び、アトフキ、マナイタナオシなど複数回行われた。こうした披露の席の回数は、家の規模によって異なり、本膳、親類膳、夜呼びを一日で行ったという家もある一方、三日間かけたという家もある。アトフキには手伝いの近所の女の人たちや料理人をよぶが、シメザケ（有間川）やバサザケ（子安）、オンナゴショのお茶（新道地区稲田）といって、とくに近隣の女衆をよんでお披露目している地域もある。

八　里帰り

たいていは祝言が終わって三日目に里帰りすることが多く、「初がえり」とか「嫁さんの三日帰り」といった。この時、花嫁は一張羅の良い着物を着て姑が実家に送っていき、ごちそうになり、姑は帰るが、嫁は泊まった。家によっては近所の人がついていくこともあった。昼ごろ着くように出掛けた。帰りは実家の母親や近所の人がついて送ってきた。送ってきた人が嫁ぎ先で酒の席に呼ばれることもあった。

その後は初藪入りまで帰ることができなかったが、毎年八月十五日と正月十五日の藪入りごとに里帰りした。藪入りの里帰りの期間は、地域や家によって異なるが一週間は長い方であるという。初藪入りには、婿がついていき、泊まってくることもあった。

上野田や子安・土口などでは、里帰りをセンタクマ（洗濯間）ともいい、気休めである一方、人によっては洗濯物をヨナべでしなければいけないこともあった。

野尻あたりでは、盆と正月に「実家に呼ばれていく」といい、姑が「アネ、小遣いだぞ」といってお金を渡した。里帰りの日程は姑が決めるため、長くて一週間で普通は三、四日くらいだった。里帰りから戻ってくる時は、ヒシマキ（ちまき）やおはぎなど、嫁ぎ先や近所の人たちへの手土産を持って帰ってきた。

上野田では、盆と正月の外に二月と七月に休みがあり、キヤスメ（気休め）といって、一週間くらい帰った。

子安では、報恩講をゴショウキ（御正忌）といい、ゴショウキ泊りの里帰りもあった。

有間川では、かつては村内での結婚が多く、藪入りの時には半月～二十日くらいの里帰りをするが、その時は実家に口米といって五升くらいの米を持たされて帰った。今も同じように藪入りといって実家に返すこともあるが、一日くらいで戻ってくるという。

有間川から谷を上った桑取谷の横畑では「三日三日の里帰り」といって、嫁いでしばらくの間、子どもができるまでの年月は、嫁は婿方で三日働き、里方で三日働くという生活をしていたという話もあった。しかし子どもが生まれて数年たつと、だんだんと里帰りの期間も短くなり、やがては里帰りを迎える側に変わっていく。

嫁ぎ先の労働力として期待された嫁が、骨休めに当てていた里帰りも、子どもを産み、育てていくうちに、里帰り自体が骨折り仕事になり、骨休めどころではなくなるのである。

九　嫁と姑との関係

嫁務めといって、嫁いできた嫁は家の労働力として休みなく働き、後継者を生み、やがて家を守り、先祖を守る存在として期待される。祝言が終わると、姑は嫁いできた花嫁を連れて名刺代わりのタオルなどのお印を持って隣近所に挨拶して回り、「うちの嫁」といって紹介する。中ノ俣では、本膳の翌日に姑、嫁、嫁の実母の三人で手拭を持って近所に挨拶回りをした。嫁入り後、近所にお茶を配ったという地域もある。夷浜では、昭和二十年代には、報恩講の時に新嫁の顔見せを行っていた。

嫁務めは一方でシュウトヅトメともいわれ、「来客に対してはカンヅケ(寒漬)でもいいから、ご飯食べて行ってくれというもんだよ」と教えられたり、田んぼや畑での仕事の仕方を教えられたりもした。嫁は主婦予備軍として、挨拶の仕方や家の味、仕事の仕方や、家のしきたりなどを覚えていくことになる。

嫁として家に入ると姑のことを「お母さん」と呼び、嫁は「アネサ」とよばれた。姑は嫁に対して家風や作法を伝える立場にあったが、血のつながらない他人の関係故に、その伝え方に対してお互いの受け止め方に違いが出てくるので、「いうことを聞かない嫁」「意地悪な姑」といった話になる。「私は姑さんに恵まれて幸せだった」という話を聞く一方で、「分娩時に沸かすお湯の量で、嫁の出産か娘の出産か分かった」という産婆の経験談もある。娘が里帰り出産した場合には、赤ん坊の耳が被るほどのお湯を沸かすが、嫁の出産の場合は少なかったというのである。姑と嫁との複雑な関係がうかがわれる。

嫁と姑の関係は様々であるが、よく「嫁は姑に似る」といわれ、その家族の一員になっていった。そして最終的には嫁にも「先祖を守ってくれる」存在になってほしいと願っていた。

一〇　家族と年寄り

嫁いですぐのころは、舅・姑も若いのでともに働くが、初孫が生まれたころからだんだんとおもな労働を若夫婦に譲るようになる。有間川の女衆は、畑にも海にも出たため一日中忙しく、年寄りのいる家では、夕飯の支度や子守りは年寄りが行っていた。赤ん坊がいる場合でも「コビル飲ませりゃいいわね」といって、嫁を仕事に送り出し、家に残った年寄りが米を擂って沸かしたものを飲ませたり、ミルクを買って飲ませたりしていた。孫もだんだん大きくなってくると、親の話すことを素直に聞くことができなくても、年寄りの話には耳を傾けたり、教えてもらったりすることができたのである。

昔の人は、六十歳になれば「財布を渡す」といって、年越しの晩に跡継ぎに代替わりした。それまでは小遣いを貰っていた若夫婦が渡す側に変わり、家の経営が若夫婦に任されることになる。代替わりすると、老人たちは家の年寄りとして、元気なうちは働いて若夫婦の手助けをし、孫の面倒をみたり、時には報恩講や祭りに出掛けたり、またある時は知恵袋となったりして老後の生活を送った。

嫁は夫のことを「うちの主人」とよび、子どもができると「おとっちゃ」とか「お父さん」とよぶようになる。家族のよび方は、子どもの場合、跡取りの男子はアンチャ・アンサ。次男以下はオッチャとよばれる。女の子の場合はネエチャン・アネサ。次女はアバチャとよばれる。お寺の子どもは長女の場合は、ヘメチャンとよばれ、次女はアバチャンとよばれた。成人しても所帯を持たないで家にいるとオッチャ・アバチャとよばれる。嫁は、アネ・アネチャといわれた。一般的に両親は、父親はオトッチャ・チャ、母親はオッカチャ・オッカアだが、お寺の場合は、父親はオテチャン、母親はオッタン・オタチャンとよばれる。大屋の家では父はトウチャン、母はカアチャン、年寄りはゴリョンサンとかゴリョヤンとよばれた。

第三節　近所づきあいの終わりと葬祭

一　年寄りの役割

一家の主人・主婦も年を取ると代替わりし、家の年寄りとして、次代の主人夫婦の手伝いに回るようになる。「孫ばあちゃん（祖母）」「孫じいちゃん（祖父）」とよばれ、元気なうちは働くが、次第に体力も衰えてくると、飯の支度や子守り仕事を行うようになる。また家の年寄りたちは、時には隣近所の一員として冠婚葬祭の手伝いに出たり、そのしきたりなどを伝える役目を担ったりしていた。

孫ばあちゃんや孫じいちゃんたちは、若い時には家のために働き、老いても子どもや孫の面倒をみて、時に少しは自分たちの楽しみをみつけながら老後を過ごす。現代のような超高齢化社会にくらべると、年を取ってもできる限り仕事をしていた昔の年寄りたちは、あまり長患いすることなく、家族と一緒に過ごす家で亡くなった。

葬儀は死んだ人への近所付き合いの最期として、近所の人たちが関わっていた。オオヤ（大屋）とよばれる家格の家では、手伝いに出るよりも手伝ってもらうことの方が多く、その家の姑は実際の葬儀の次第を知らないという話も聞かれた。亡くなった人の親族は故人の側に付き添い、葬式の実務は近所の人たちに任せたのである。

夫婦のどちらかが亡くなった時に、「仲の良い人(夫婦)は三年経てば迎えに来る」といわれている。どちらかというと夫が先に亡くなり、妻が後を任された方がよいという話をよく聞く。夫婦の年齢構成からも夫が先に亡くなることが多く、妻は万事葬式を済ませ、跡継ぎに葬式のしきたりや先祖の祀り方などを伝えてから亡くなるのが理想とされているようである。子どもたちは祖父母の死、成人してからの両親の死、近所の人々の葬式の手伝いを通して葬儀のしきたりを覚えていった。

葬式は、少し前までは亡くなった人の自宅や寺で、親戚や身内、隣近所の人たちが中心になって行っていた。「代々の仏さんがいるから、やたらに離れられない」といって、子どもたちがよその地域に出て、年寄りだけで暮らしていても、よその土地に移住しないで、墓を守るものであると考えている人も多い。

二　上越の葬儀

人が亡くなると通夜・葬儀を行い、火葬し、納骨を行い、法要を営む。上越では、浄土真宗の寺の檀家である門徒の家が多い。しかし、桑取谷だけは、寺院七か寺中、六か寺が曹洞宗で、海辺の有間川に真宗大谷派の寺院が一か寺あるのみで、市内の他地域とは異なる傾向を示している。

上越では、村に一つは寺のある地域が多いが、村落内に寺があるからといって、必ずしもその寺の檀家であるとは限らない。村にある寺をキョウケイジ(教化寺)といい、禅宗と門徒など宗旨が異なり、檀家でない場合でも、村人として付き合い、盆・暮・葬式には互いに顔を出すことになっている。また直江津では、ゴエンカリ(御縁借り)といって、檀家でなくても自分の住んでいる地域にある宗旨の同じ寺と付き合っている例もある。上越では、宗旨や寺檀関係のあるなしにかかわらず地域のお寺と付き合っている人々の姿がある。

遺体は荼毘に付すのが一般的で、現在は昭和六十年(一九八五)に設立された大字居多にある上越斎場で火葬を行っているが、それ以前は五智の斎場で行っていた。昭和四十六年に高田市と直江津市が合併して上越市となる以前は、直江津市には昭和三年に設置された五智火葬場、高田市には昭和八年に設置された寺町火葬場があった。しかし桑取谷の禅宗の家などではかつては土葬を行っていた。大まかには真宗の家々は古くから火葬を行っており、こうした地域には、公共の火葬場ができる前から地域ごとに決まった火葬場があった。

現在では、病院で亡くなることが多くなり、葬儀・告別式・法要の一切を葬祭場やセレモニーセンターなどの会場を借りて行う家が多くなり、葬儀の進行を葬祭業者や葬儀場・農協などの業者まかせにしている家が多くなっている。このため葬送習俗のありかたも「娑婆の成り行き」といわれ、簡略化されたり、失われたりしているものもある一方で、昔に比べて現在の方が派手になったという話も聞かれる。

門徒の人たちは禅宗の葬式の手伝いに出ることもあるため、禅宗の葬式は華やかであると認識している。

第二章　神奈川県藤沢市村岡の産育儀礼と職業産婆

はじめに

村岡は、藤沢市の東南に位置し、地域の南を境川の支流である柏尾川が流れ、ＪＲの駅はないものの地域内には東海道線が通っている。「村岡」の名称は、鎌倉時代の記録にみられ、鎌倉郡七郷の一つ村岡郷に遡るといわれる。村岡の範囲は、江戸時代には村岡郷五か村といわれた小塚・弥勒寺・高谷・渡内・宮前に加え、川名・柄沢を合わせた地域であり、明治二十二年（一八八九）の市町村制施行によって村岡村となった。そして隣接する藤沢町が昭和十五年（一九四〇）に市制に移行してのち、昭和十六年に編入されるまで使われていた旧村名である。現在村岡そのままの住所表記はないが、村岡小学校や村岡中学校など、地域内には村岡名を冠する施設などがみられる。神奈川県藤沢市内の住所表記に小塚・弥勒寺・高谷・渡内・宮前・川名・柄沢という旧字名が残されている。かつては農村地帯であったが、高度経済成長期以降は開発が進み、現在では東京から一時間という立地で、住宅や工場がたち並ぶ地域となっている。

本章では、かつて村岡のお母さんたちが体験し、伝え聞いてきた、少し昔の出産に関わる習俗についてみていくことにする。昭和四十九年（一九七四）の『村岡の伝承覚書』（丸山久子『藤沢の民俗文化』8。以下『村岡の伝承』と略記する)に産育の項目が書かれてから約四半世紀の時がたち、今回の聞き書きの内容との間に違いがみられるため、参考としてのせることにした。

第一節　村岡の産育儀礼

核家族化が進み、妊娠・出産・育児は、生まれた子どもをはさみ、その母親と父親の二人の肩に重くのしかかっている。しかしかつての農村社会では、大勢の家族がともに暮らし、農作業などを行いながら、新しくお母さん・お父さんになる二人を囲み、その兄弟や、お爺さん・お婆さんが、新しい家族の一員の誕生を心待ちにしていた。新しい命を授かったお嫁さんは、多くの家族に囲まれ、妊娠・出産・育児に関する様々な知恵を授かりながら出産の日を迎えたのである。

一　妊娠

妊娠　月のもの(月経)が止まり、妊娠を予感したら、お産婆さんにみてもらった。妊娠していることをミモチしているという。病院での検査・出産が普及し、また市販の妊娠検査薬などでも手軽に判定できる現在と違い、かつては五か月目くらいになって初めてお産婆さんに診察してもらい、妊娠を確認するという状況だった。

妊娠中の禁忌　かつての妊婦は、産気付くといって陣痛が始まるまで仕事をしていたというが、農作業などの肉体労働を続けながらも、次のような、妊娠中にしてはいけないとか、気を付けなければいけないといわれることがいくつかあった。

・妊婦は、火事をみてはいけない。火事をみると痣のある子どもが生まれる。
・稲荷様は不浄を嫌うので、稲荷講の当番は、不幸（葬式）やお産（出産）のあった家ではできない。お産は血の道だから出られないといわれている。
・ミモチ（妊娠）している家の者が葬式に出ると、生まれた子どもに痣ができるという。そのため葬式の穴番（土葬当時の墓の穴掘り当番のこと）が回ってきても、その当番の家の嫁がミモチしているような時、あるいはその可能性のある場合は穴番から外される。
・妊婦が葬式に出なければいけない時は、懐（帯の間）に鏡を入れる。この時、鏡の光る方を外側に向ける。これは葬式をみないように、その影響を受けないようにするという意味であるという。これは妊婦が葬式に出ると妊娠するたびに葬式に関わるようになってしまうといわれているためである。そのため自分が葬式を受けないように、葬式にあやからないようにするための意味がある。
・妊婦は、イカを食べてはいけない。イカを食べると血が荒れる。またイワシを食べるのはよいが、鯖や秋刀魚などの青い魚を食べてはいけないといわれている。青い魚は、宮参りが済むまでは食べてはいけないとされていた。
・妊婦は、里芋を食べてはいけない。里芋を食べると体が痒くなるという。

腹帯　腹帯は、五か月目の戌の日に巻く。旧暦を参考にして、片手の五本の指で、十二支を数えて、戌が起きる日、つまり数えた指が立つ戌の日を選んだ。逆に寝てしまう日、つまり指が立たない日は避ける。「今日は、起きる戌だから」といって、お産婆さんに腹帯を巻いてもらった。帯は仲人がお祝いとしてくれる。本膳を作り、仲人や嫁の親元をよんで祝った。

『村岡の伝承』には、「五ヵ月目に、嫁の実家から赤飯と帯とが贈られ、トリアゲに頼んで締めてもらう」とある。

安産祈願　隆昌院（藤沢市柄沢・日蓮宗）の鬼子母神にお参りした。また鎌倉のオンメ様（大巧寺）にお参りする人もいた。オンメ様で頂いてきたお札は、たたんで腹帯の中に入れておいた。安産祈願は、起きる戌の日に行った。

二　出産

出産前　産気付くといって陣痛が始まるまで仕事をした。かつては農作業など、家で仕事をしている上に、病院ではなく自宅で出産していたため、陣痛が始まって、はじめて足を洗う（仕事を終える）ことができたという。

出産の場所　村岡で病院での出産が一般的になったのは、高度経済成長期の昭和四十年前後のことといわれ、それ以前も藤沢には産院はあったが、一般の人が産院にかかるのは難産の時だけで、通常は自宅でお産婆さんに子どもを取り上げてもらっていた。

はじめての子どもは、実家で出産することも多いが、出産の場所は、嫁ぎ先の姑と嫁の実家の親が相談して決めた。子どもは嫁ぎ先のものであるという考えもあり、初産の場合でも、嫁ぎ先で出産する場合があった。嫁ぎ先で出産する場合でも、嫁の実家から母親が手伝いに来てくれた。このことについて『村岡の伝承』には、「第一子はたいてい実家でお産をするのが普通だが、初めての子は男でも女でもイセキだから他家では生ませないといって、実家に返さない場合もある」とある。イセキとは、跡取りのことである。

夫婦の普段の寝室は納戸であり、出産も納戸で行った。産室からは、何かが見えたり聞こえたりしてはいけないといわれ、納戸を産室に使う場合は、襖や戸を閉めきり、ほかの部屋からみえないようにし、室内は薄暗くしておいたという。

お産をする場所には、あらかじめ洗濯し、天日で乾して殺菌したボロ布を敷いた上に油紙をおき、その上で出産できるように準備した。油紙は、ビニールシートのなかったころに床が濡れないようにするために敷いたものである。

出産　かつて女性たちは出産のぎりぎりまで仕事をしていたため、農作業の途中など、出産の準備ができないうちに突然陣痛が来て、子どもが生まれてしまうこともあった。その場合には、赤ん坊に血水を飲ませないようにといって、近くにいた人などが赤ん坊の首だけは持ち上げておこしておいたという。

かつての出産の姿勢については、『村岡の伝承』に、「大正のはじめまで藁を二一束積んで寄りかかってお産した。座産で、トリアゲバアサンが腰を抱いて介抱してくれた」とある。

後産　出産後、お産婆さんがお腹をぐっと押すと後産が出てきた。後産とはエナ(胞衣)のことである。これは麻でかたく縛っておいた。お七夜までの間にエナ屋さんという、エナの収集を職業としている人が集めに来た。

産湯　産湯はお産婆さんがつかわしてくれる。嫁入り道具の洗濯ダライが、産湯用のタライとして使われた。出産後すぐの産湯は、不浄のものといわれ、夫が暦で、方角をみるといって、産湯を捨ててよい方角を確認し、畳をあげ、床下の土を掘って捨てた。お産婆さんは、頼めば一回いくらで、お七夜までの一週間くらい来てくれた。『村岡の伝承』には、「お湯を浴びせるのは、出生の時と三つ目だけで、あとは適当に家の者がつかわせる。但し、毎日というわけにはいかない。三日目に包み金(大正時代五〇銭が決まり)を出せば、トリアゲはそれで打切りとなる」とあり、産婆との関係や衛生感に変化がみられる。また「うぶ湯も、湯灌の湯も捨て場所はおなじ」といい、産湯は畳をあげて床下へ流したのは同じであった。

産後の食事　出産後三日間は、塩気のある物を食べることができなかった。お粥も塩気のないものを食べた。これは炊いた御飯にお湯をかけただけのブブヅケのような物で、その時はお腹が空いているのでおいしく感じられたという。三日目に初めて薄味のおふや豆腐の入ったオミオツケを飲むことができた。産後二十一日目まではあまり毒の物（妊産婦の体にはよくないとされた食物）を食べなかった。塩分を控え、柔らかくて消化のいいものを食べた。またお乳が張っているので、ご飯は五回に分けて食べた。餅米を食べるとお乳がよく出るといわれ、粳米と餅米が半分ずつの御飯を炊いた。なお宮参りが済むまでは、青い魚を食べてはいけないとされた。

産後の食事について『村岡の伝承』では、家によって違いがあるとして以下のように記されている。

これはしきたりもあるらしく、家によって違う。ある家は、白米のお粥を三日間食べる。「味噌漬け　湯漬け一杯飯」といって、御飯はお代わりできない代わりに、一日に四・五回食べてもよかった。梅干しと塩鮭は禁じられていた。またもう一つの例では、「七日までは塩気を禁じられ、御飯にお湯をかけて一日に五回、少しずつ食べた。お七夜にはじめて味噌汁に鰯を入れて食べる。油物は、二十一日すぎないと食べられない。

かつての産婦の食事は、現代とは違って、様々に制限されていたことが分かる。

三　育児

出産見舞い　サンミマイともいい、最初の子どもの場合、クミの者はフとカンピョウを持って見舞ったという。現在は、現金を贈る場合が多い。『村岡の伝承』には、「お産があると実家から米・鰹節・かんぴょうに産着を添えて贈られてくる。このことをネンネダキともいう」とある。

産着　生まれてすぐに赤ん坊に着せる着物を産着という。麻の葉模様の肌着で、男の子は白や空色、女の子は白や赤を着せた。また、はじめての子どもの時は、嫁の実家がおしめを用意してくれた。

ミツメの牡丹餅　出産後三日目に牡丹餅を作り、仲人や嫁の実家、近隣の人々など、出産見舞いをくれた人などに配っている。これをミツメの牡丹餅といい、牡丹餅は、五個か七個、あるいは一一個や一三個など奇数個用意する。

なお、床上げの牡丹餅は七個、立ち日の牡丹餅は六個と決まっている。立ち日の牡丹餅というのは、出産見舞いを貰いながら亡くなってしまった場合、翌月の命日にお見舞いをくれた人に配るものである。この場合は、大きな牡丹餅を六個、お重(重箱)いっぱいに詰める。

ミツメの牡丹餅については、『村岡の伝承』には、「三日目にはミツメノボタモチをつくって内祝いをした。子供が落着くように作るのだという」とある。

名付け　子どもの名付けについて『村岡の伝承』には、「だいたいお七夜までには名付けを済ます。長男長女の場合には祖父母、曾祖父母の名をとって付けることが多い。子供が多すぎると、トメ・ハツなどという名を付け、臍の緒を首に掛けて生まれるとケサという字を入れてケサ吉・ケサヨなどと付ける」とある。

お七夜　お七夜には、嫁ぎ先の姑か手伝いに来ていた嫁の里方の母親が料理を作り、お茶を入れ、お産婆さんにご馳走し、お産婆さんの仕事は終わった。この時には牡丹餅なども作った。お産婆さんは、この日までは毎日生児に産湯をつかわせに来た。

床上げ　産婦は、出産後十一日間はお産をした部屋を出てはいけないとされていた。そして十一日目に納戸を出ることを床上げといった。床上げまでの期間は寝たきりで、便所にも行くことができなかった。年寄りがオカワ(オマル)を持って来てくれるため、部屋の外に出ないで用を足すことができた。これも時代の変化にともなって、便所の時だけは外に出ることができるようになり、次第に薄れていった。

十一目には納戸を出て、産婦が小豆飯を持って井戸神と便所神にお参りした。この時産婦も小豆飯を食べた。この日以降、井戸水で顔を洗うことができるようになるが、髪の毛はお宮参りが済むまでは洗うことができなかったという。

実家で出産した場合は、実家の母親が面倒をみてくれ、嫁ぎ先に帰るとお姑さんが嫁の面倒をみてくれた。出産は出血をともなったため、産婦はケガレているといわれていた。そのためこの日までは、納戸を出ることができないだけでなく、神様の前に出てはいけないといわれ、また竈には竈の神様がいるため近寄ってはいけないとか、井戸には井戸の神様がいるから近寄ってはいけないといわれていた。食事の支度やおむつの洗濯などは家のものが行っており、この期間だけは産婦は休むことができた。しかしお嫁さんも産後十一日が過ぎると起きて台所仕事などをするようになり、普通の生活に戻った。しかし昼間は赤ん坊の世話などがあり、あまり動かなかった。

『村岡の伝承』には、「川端参り・井戸参り・便所参り　生後十一日にオサンゴを持ってトリアゲが抱いてお詣りする。これで母のヒガアケテ、おへっついの前にも行かれる。この日からたいてい床をはなれる」とある。

夜泣きの呪い《まじない》　子どもの夜泣きの呪いについては、『村岡の伝承』には、「藁打槌に縄をつけて屋敷のまわりをひいて歩きながら、「さい槌は夜泣くけれど、赤ん坊は昼泣く」と三べんまわる」とある。

子育て祈願と子どもの神さま　隆昌院の鬼子母神は、安産祈願だけでなく子どもの神さまにもなっている。また寺では子どもの虫封じをしていたため、近在の子どもがたいてい来ていた。また柄沢では、体の弱い子どもも子育ての神さまである鬼子母神にお願いし、加持を受けた。

弥勒寺（藤沢市弥勒寺・日蓮宗）は、神仏混淆のお寺で、お堂には神様が祀ってあり、本堂には仏様が祀られている。弥勒寺地区の人々は、子どもが生まれると神様の祀られている弥勒堂にお参りしている。

昔の男の子は、後頭部のタボといわれる場所の髪の毛を少し残して髪を刈っていた。この部分には神様が宿っており、転んだ時に神様がタボの毛を引っ張っておこしてくれるのだという。

疱瘡・麻疹　昔は、疱瘡（天然痘）にかかると、サンダラボッチ（サンダワラ）にシメ飾りのように切った赤い紙を立てて、大豆などの豆を煎ったものと赤飯とをのせて辻に置いてきた。そしてお湯をかけた。これは伝染病にかからないようにというもので、麻疹の場合にも同じようにしたという。また道祖神は子どもの神様で、麻疹などの風土病にかかった時はお参りした。治ると、ツトッコという藁で作った包みに小豆飯を詰めて道祖神へあげた。

『村岡の伝承』には、「天然痘にかかったとき、現在は種痘のあと、サンダワラに幣束を立て、梅干し・お茶・銭一銭をのせ、道祖神に供え赤ん坊の上には豆を撒いた。こうすればかさぶたがよく落ちる」とか、「疱瘡神は、道祖神へ送った。はしかのときには、サンダラの中央を立てるように編んで、赤紙の御幣をつけて、赤飯をのせ、病気をおさめてしまう」とある。

現在、宮前御霊神社の境内に末社として祀られている疱瘡神の祭神は、姥神様といい、元々は旧鎌倉道沿いにあるJR東海道線のそばの獅子山という、現在の姥神という地名の場所にあった。姥神様は疱瘡の神様といわれ、『村岡郷土誌』には「温婆神」とあり、お祭りは、三月十三日の命日の日に行われているという。「昔天然痘にかかっても姥神様に小豆飯を炊いて命日にそなえておくと病が軽くあがると云う伝えがある」とある。大正十五年（一九二六）生まれの人は、サンダワラに白い御幣を立てて、これを頭にのせてお湯をかけた後、姥神様にあげにいったことがあるという。

柄沢のある家では、神棚が居間と広間の二か所にあり、居間の神棚の方に疱瘡神を祀っている。この家では疱瘡神の祭りを特別には行っていないが、神棚に供え物をあげる時には、他の神様と一緒に疱瘡神にもあげている。正月のお供え餅（オスワリ）の形だけは、ほかの神様にあげるものと違う。これは疱瘡ができた状態を模したものなのか、上に重ねる餅の中央を少しつまみ、出べそのような形に仕上げている。

その他　女の子が生まれると桐の木を植えた。

第二節　村岡の職業産婆

かつて村岡で助産院を開業していたNさんは、大正二年（一九一三）十二月に大分県の山間部にある静かな土地の農家に生まれた。昭和五年（一九三〇）三月に女学校を卒業し、東京の中野にいた親戚を頼って四月に上京した。Nさんは、子どものころから看護婦に憧れていたというわけではなかったが、自立して生活するために看護婦の道を選んだ。東京で看護学校に入り、働きながら看護婦の資格を取り、昭和六年に当時の鎌倉郡村岡村にあった、現在の藤沢病院の前身である鎌倉脳病院に職を得、縁あって昭和七年に村岡村出身の男性と一緒になり仕事を辞め、家庭を築いた。結婚後は仕事を辞めるが、子どもたちの成長を機に昭和十六年に助産院を開業し、病院での出産が一般的になる昭和四十二年まで、村岡のお産婆さんとして活躍し、多くの子どもを取り上げた。

本節では、Nさんから聞いた話をもとに、助産婦の話に関わる部分を抜き出してのせることとした。Nさんの語り口を活かすため、できるかぎり話をそのままのせることとしたが、相づちや間合いなど口語調で分かりにくい部分は、一部省略したり、適宜文章を補ったり、文章体に改めるなど、体裁を整えた。なお本文中の筆録者の質問や相づち部分は〈　〉付きとし、大幅に文章を補っている場合は（　）付きとした。

一　看護婦になり結婚するまで

〈はじめは東京いたのですか。〉

当時牛込余町（現東京都新宿区）に看護婦会というのがあり、その会に行き、自力で、援助してもらわないで、独学で頑張らなければいけないからといいました。（そして）看護婦会に入りまして、そこで働きながら、炊事とかご飯とか、全部女中さん代わりをやりながら、学校に通わしてもらうわけです。お金は、出して下さるわけです。そして試験を受けに行きまして、看護婦の資格を取りました。午前中は、両方資格（看護婦と助産婦の免許）を取りまして、そんなわけですから看護婦会から派遣されるわけです。

〈なぜ村岡に来たのですか。〉

昔の鎌倉郡村岡村、合併されてはじめて藤沢市になった、鎌倉郡村岡村高谷。藤沢の中なんですけども、前は村岡村にあった、今もありますよ。大きい、藤沢病院ていうでしょ、大きくなってますよ。老人病棟も合併されてね。別にできてるんでしょうけどもね。やっている方は、今の藤沢病院の院長先生とか、合併されたようなもんで、割と大きな病院でしたよ。

（看護婦会から指定された）病院に、誰々さんの付添いに行ってくれといわれるわけです。そこで私が初めてね、昭和七年にそこ（鎌倉脳病院）に行きまして、ある人のお世話をしたんです。そこで一生懸命働いて、その人の看病して付いてて、子守りするようなもんですね。やっておりますうちに、うちの主人が、病院に勤めていたわけなんです。ここの村の人ですから。

〈村岡の病院でご主人と知合い、結婚されたんですね。〉

私ね、看護婦しておりましたので、こっちに出てきて病院で働いておりましたから、まあ、ここの土地の人と。

〈助産婦の免許も、看護婦の免許と一緒に取ったんですね。〉

佐久間助産女学院を出ました。

〈結婚されたのは何年ですか。〉

昭和七年かな、だからこっちに来たのは、昭和六年ですね。資格取ってから出始めたんだから、そうすると看護婦会というところでお金を取るわけなんですね。それで私たちに御小遣いっきりくれないわけだ。そういう制度なんてものは、子どものころだし知らないし、農家でのんびり育てられてるから、悪いこととは絶対思わないから、搾取されてるなんてこと考えられなくてね。ただ学校出してくだすって、免許を取らしていただいたんだから、有り難く思って、一生懸命働いて、お金は一割くらいの御小遣いをもらって、それで働いていた。

二　助産院の開院

〈結婚してからも病院で働いていたのですか。〉

今と違って当時は、結婚してからは（仕事は）できなかった、働きましたのは、その後、三人の子がいますが、一番小さい子が五歳になりましてから、その子がお兄ちゃんたちと一緒に遊んでいられるようになってから、助産婦を開業しました。勤めに行かれないから。ずーっと自転車で、今みたいに何にもないんです、電話とか何とか、各家庭でね、今は皆、車を持ってますでしょ、昔は車のあるうちはなかった。皆、自転車で、ほかは皆、リヤカー、ほとんどは自転車に乗って用足しするわけなんです。自転車に乗ってよびに来る。今お腹が痛くなってきたから来てもらいたいって。そうすると私は自転車で、はいとばかりにカバンをさげて飛んでいった。

〈開業したのはいつですか。〉

戦争中なんです。この辺、皆お腹の大きい人がいても、何にも産婆さんは飛んで来られないわけなんです、空襲あったり、色々どうしようもないから、皆困っているという話を聞いたから、これではと思って開業しましたから、昭和十六年でしょうね。そのころ開業しました。その前、藤沢の桜林先生のところに、一、二か月赤ちゃんを洗ったりする実習をやらしてもらいに（いきました）。桜林さんで働いて、二か月くらいたって開業しました。たしか十六年だったと思います。

〈開業の時には役所に申請したのですか。〉

保健所に免状を提出して、保健所から許可を頂く。保健所に申請しませんと。色んな指導があるんです。そして保健所に免許を持って申告にいきまして、何月何日から開業始めて下さいといわれて、開業した。

〈廃業したのはいつですか。〉

終戦後、昭和四十二年でしたかね。終戦後、今までこうなっていた人たち（妊婦）は自分で行ってみたんですけど、その後は皆、終戦後、病院でお産するという。家庭では、お産できないんですよ。看病してあげる人がいないということで、皆ばらばらになってしまったでしょ、終戦後、家庭の中が手不足になってきて、お産してもみてあげる人がなくなったので、皆、病院でお産をするという、一切家庭ではしなくなった。そのため仕様がないということで、昭和四十二年に辞めると同時に主人がまだ働いていたので、藤沢病院で働いていましたところに、助産婦は精神科とは全然違うけど、看護婦の免状を持っていけば、（仕事はおいおい）覚えればいいと思っていったら、主人より少し給料が良かった。子どもも皆成人しましたから。昭和四十二年から二十五年間、六十六歳の十二月三十一日まで藤沢病院で働いたんです。

三　助産婦の仕事

〈戦中の慌ただしい時に助産院を開業したのは、村の人には有難いことだったでしょうね。〉

自転車で（父親が）飛んでくれれば、母ちゃんがお腹痛いって言い始めたから、ちょっと一回来て、みておくれっていったら、よっしゃとばかりに、カバンをひっさげてね、自転車に飛び乗って、まだ時間早いから、(陣痛は)時々だから、また一時経ったらみに寄るからねっていって、それで飛んで歩いちゃう。あっちこっちね。

〈妊婦さんの存在は噂で耳に入ってきたのですか。〉

そうじゃなくて、妊娠しますと、診察にみえるわけなんです。妊婦さんがまず診察に来られる。それでちゃんと、予定日は何日ですよって、最終的のあれ(月経)から割り出して、ちゃんと何日に止まったんですねって、じゃその時は赤ちゃんがいる、できてるわけですね。それで最終的には何日でしたって聞いて、それから計算出して、じゃ今度予定日は何日ですよって言って、それで診察をして、証明を書いてね。証明を持っていきますでしょ、(そして母子手帳を)貰ってくるんですよ。

〈役場から母子手帳を貰ってくるんですね。〉

私が貰って、おいておくんです。そしてそれに書いてあげて。そうするとそれを持っていって、あの妊婦手帳(母子手帳)っていうんですか、あれを貰ってね。

〈妊婦さんは二、三か月くらいで診察に来るということですか。〉

どっちしたってね、五か月くらいにならないと、この辺の人はなかなかみえないんですね。

〈五か月というと目立ちますよね。〉

まだあんまり目立ちませんけどね、少し触ると分かるくらいのね、ちょっと動き始めたとかね、やっぱり農家のまわりの人は悠長でしたからね。今みたいに若い人が、誰も近所に知り合いの人もないと不安でしょ。早くからね病院に行って診察してもらって、そういう証明もらって保健所にね、教えて頂きにいくとかって色々あるでしょ。だけど昔は産婆さんが回っていって教えてあげるんですよ。

〈お産婆さんの方からいくんですか。〉

教えてあげるんです。一度診察しましたら自分の患者さんだから、ずーっとそれからは回って、責任持って。

〈一度来てくれれば次からは妊婦さんは出向かなくていいんですね。〉

自分のお客様だから、ずーっといってね、回ってみてあげるわけ。

〈出産準備の指導。〉

それで家でお産しますから、準備はできてますかとかね、どういうふうにすればいいか。洗濯をちゃんとして、どんなボロでもちゃんと下に敷くというのは、昔の人は下にね、その油紙なんかを敷く、今みたいにビニールなんてのはないんですよ。だから油紙を敷くから、その下に布を、ボロの布を出すんですよ田舎は。油紙の下に敷くんですけども、いくら下に敷くといっても、ちゃんと清潔に洗って、日に乾して、きちんと殺菌しておかなきゃいけませんよ、ということをみんな教えてあげて。でも昔からお婆ちゃんがいらっしゃる家は、ちゃんとそれをお嫁さんに話をして。

〈お姑さんがいる家は、ある程度出産の準備ができているんですね。〉

きちんとね、お母さんが教えてあげていた。だから非常に年寄りというものは、有難いものなんですよ。今はみんな年寄りなんて困るから、みんな先によぼよぼになった時にみてあげなくてはならない。そんなのみられないっていうわけで、皆が別れてしまった。皆年寄りを一人にしておきますけども、年寄りと一緒に暮らしたら、えらい勉強になると思いますよね、色々教えてくださるし、赤ちゃんがちょっとでも具合が悪くなった時なんかでも、それはなんだ、早くこうしなさいとか。

〈経験から分かるんですね。〉

分かりますし、それにすぐに助けてくれるじゃないですか。自分がどうしていいか分からない時にね、こうしなきゃいけないとか、もう早く救急車呼びなさいとか。一緒にいらっしゃるっていうことは、大変な有難いことなのに、どうしてみんな宝をそっちに押し込めてね、自分たちが一人で苦しんでるわけでしょ。分からないから不安になってね、子どもを外に捨てて。ごみ捨てに捨てたなんていうのは、そんなことするでしょ、今の人は、年寄りと暮らしたりなんかしてないから、そういうことになっちゃう。

〈昔はお産の時には、お嫁さんは実家に帰って出産したのですか。〉

実家に帰ってお産する方も結構いらっしゃったですよ。

〈嫁ぎ先でお産する人もいましたか。〉

（嫁ぎ）先で（お産）なさる方もあるし、もうね二人目からは自分の家で（お産）するわけなんです。一番最初の子どもさんだけが実家に帰られて（お産する）。だからそこで実家に帰りますから、実家に行くまで、私が一生懸命みてあげて、そして、さあこれから（お産が）近いから実家にいらっしゃいって。それからまた帰ってくれば、私がお湯を使わしたりしてあげますよって、それはそちらのお医者さんにかかろうと、助産婦さんにかかろうと、もうそちらへお母さんに早めにね（実家に）お帰りになるっていうから、じゃこうしてくださいって、お帰りになるまで私が責任を持って、ちゃんとみておあげしますって。そして赤ちゃん連れて帰られたら、それからまた私がみておあげしますよって。

〈逆に他村にお嫁に出て行って、村岡の実家に帰って来た人はどうしましたか。〉

帰ってくる人は、またそこでお預かりするわけなんです。（出産の時だけは）お預かりしてね。

〈出産後は赤ちゃんを産湯に入れてあげるのですか。〉

（産湯は）ずっとやるんです。この辺はね、七日くらい。お七夜っていうんですか、その日までやりますとね、そこでお茶を入れて、お料理を作ってね、そこの家が誰か家族が、（あるいは実家の）お母さんが手伝いに来てくだすってるとか、誰かがいらっしゃるから家でお産するわけですね。そうするとその方が今度はご馳走を作るわけなんです。ボタモチとかね。そしてお産婆さん、どうぞ上がってくださいといって、私、ご馳走になって、それまで毎日お湯を使わせにいくわけです。

〈お七夜のお祝いで助産婦さんの役目は終わるんですね。〉

それから今度はね、そちらのお母さんがやってくだすって、お嫁さんもね十一日経つと、たいてい昔の人は、もうそれまで休んでいても、十一日が過ぎると起きてお台所したり、(仕事を)おやりになりましたね。

四　母体の休養とケガレの観念

〈産婦さんは十一日目から普通の生活になるんですか。〉

まあ昼間はね、赤ちゃんが小っちゃいし、いるから。赤ちゃんをみながら、あまり動かないですね。でも旦那さんの出勤なさるとか何かなさるというように、ちゃんとお手伝いしたり(できるようになる)。十一日ごろまではね、やっぱり昔の人の例えなんでしょうけど、オリモノがあるわけなんです。たくさん。それがね十一日ごろになるとね、ほとんど無くなっちゃうんですよ。それだからね、まあ子宮が元に戻るんじゃないでしょうかね、こんなに(赤ちゃんが育つくらい)大きくなったのが、徐々に徐々に小さくなって、それで大きい時は血管が皆口開いてるわけなんです。オリモノが出るわけなんです、それが、だんだん、だんだん小さくなると、血管もみんなこう締まってしまう。

〈体が元の状態に戻るということですね。〉

元の状態に戻るわけなんです。そうしますと大体十一日ごろになるとね、オリモノっていうのはほとんど無くなってきちゃう。そうするとやはり立ったり座ったり楽だから、昔の人はよく教えたもんだと思いましたね。

それがね、今の人は病院行っても一週間で帰されちゃうでしょ。帰ってきますともうそのまんまで、今は、何でもやらなきゃ。(人)手が無いでしょ。今は手が無いから、ほとんどの人が一週間で帰ってくると何でもやるわけでしょ。(普通の生活をするには少し)早いんですよ。十一日でオリモノが終わるっていうようなころになるんですけどね。それを一週間で帰ってしまいますからね。家に来てもしばらくは元気がないでしょうね。

やっぱり(体が)元に戻らなきゃいけないいんですから。戻らない前に無理しちゃね、次の赤ちゃんができなくなったとか、色々と障害があるんですよ。

〈出産の後は体を大事にしなくてはいけないんですね。〉

大事に(休みを)取った方はね、それこそ二十日も手がある方は(なるべく休んだ方がいい)。昔の人はよくね、お産したりなんかして、出血なんかたくさんしたりすると、ケガレてるっていうんですよ。それだから、まだ神様の前に出ちゃいけないっていうようなことをいってね。竈があると竈の神様がいるとか、寄っちゃいけないとかね。そして井戸端に行って。昔は井戸ばっかりでしょ、井戸で洗濯をするわけなんです、おむつなんか。そうすると井戸の神様が、そんな出血してるっていうとケガレてるっていったんですよね。それでね、そんなことしないでいいって、お婆ちゃんなんかが、みんな働いてくれたわけなんですよ。ところが今そういうことって助けてくれる人がないじゃありませんか。年寄りを粗末にしてね、居ないことにして一緒に暮らしたくないとかいって。

〈ケガレているという考えによって、母体は休ませてもらっていたんですね。〉

そうやって母体が休ませてもらえた。だからお年寄りがいる家庭っていうのは、良かったですね。いないっていうとどうしても無理しちゃいますよ。なんでもやらなきゃできないですよ。

〈村岡では、よくケガレているといわれることがあったんですか。〉

よくいわれたんですね。(昔の)年寄りっていうのは、無学でしょ。無学で、母体がね、どういうふうなあれっていうのが、よく分からないんですよね、昔からのずーっとただ言い継ぎでそういうふうにね。ケガレてるというより、出血したりなんかするっていうと、それを汚いもののように思っちゃうわけなんです、今すごい神聖なものだってことを考えればね、汚いっていうことはないわけなんです。

〈ケガレている場合、神様には近寄れないですね。それは女の人だけが近寄れないんですか。〉

寄れないんです。男の人には何の関係もないんですね。それでお祭りがすぐ近くにあったりしてもね、お母さんは行けないわけなんです。(夫は)関係なしにね。この辺はですよ、この辺はそういう(ところ)でしたね。ご主人の方は何の関係もなく、何でもやれるんですけども、お母さんはやっぱりケガレているということで、体が汚れてるとかいうわけなんですよね。

〈同じように血に対して、女性の月経にケガレているという感覚はありましたか。〉

ありますね、何となしにね。

〈月経の時は神様には行ってはいけないといわれていましたか。〉

そういう時は割合、皆、行かないようにしてるんじゃないですか。自粛、自分から。やっぱり自分からもそういうのになって、色んなあてたりなんかしてて、汚れたりなんかしてる。ていうことは自分から嫌なんですね。やっぱりだから神様とかなんとか行ったら罰が当たるように思っちゃうわけなんです。出るものがどうっていうわけじゃなくて、結局それなんかが当てがっておきますと、皆そんなのが汚れたりするじゃありませんか、そうするとなんとなし、こう、不潔。それだから神様の所に行ったら罰が当たるかなと思うようなことになっちゃうわけなんですね。

〈出産の時は、家の人と同じ竈で炊いた御飯を食べてよいのですか。〉

（御飯を）炊きますと、家の人が持って来てくれますから、自分ではやらないから。全部炊きますよ。皆、竈で炊いても竈の周りには寄り付けないわけなんです。お母さんは。

お姑さんとか、お世話してくださる人が、旦那さんなんかもまめな方は、ちゃんと炊いてね。ご飯持ってきたから食べときなといって、旦那が（仕事に）行くような支度をしている間に食べ終えると下げてね。そうすると、じゃあお婆ちゃん頼むよとかいってね。年とった婆ちゃんでもいれば、いいよ早く行きなって。片付けるよって、よくやってましたよ。

〈食べるのはいいけど作るのはダメなんですね。竈神様があるからですか。〉

竈は、こう、なんていうんでしょうね、体がケガレているとかいって（近寄ることができない）。

〈月経の時はどうするのですか。〉

そういう月のものの時は、関係ないんですね。出産の時が一番、休む。昔から考えますと、やっぱり自然にそういう風に休むようにできていたんだと思うんですね。それが色々に、自分たちがケガレてるとかいって、寄せつけないと意地悪みたいに聞こえますけども、本来はそういうようにして、休みますと、体が休まったわけですね、十一日も一切なにもやらないでいることができた。

第三章　小林一茶『七番日記』にみる女性の生活

はじめに

俳人小林一茶の句日記として有名な『七番日記』(1)は、文化七年(一八一〇)正月、一茶四十八歳の年より、文化十五年十二月、五十六歳までの九年間にわたる歳月について、上段に天気や一日の行動、見聞した出来事などを簡単に記し、下段には日々の作句などが綴られているものである。この時期、一茶は生涯最大の転機を迎え、江戸での生活を切り上げ、故郷に定住し、妻「菊」を迎えて子をもうけるが、生後一か月で亡くし、また二年後に次の子が誕生するという、嬉しいことと悲しいことの繰り返しおこっている時期でもある。こうした状況で記された日記は、妻との生活を記録した日記としても有名で、妻との外出、妻との行動、妻の生活など、様々なことが書きとめられている。

一茶の故郷の柏原は、現在の長野県上水内郡信濃町柏原にあたる(以下、柏原と省略する)。信濃町は、北は新潟県妙高市、東は長野県飯山市、南は上水内郡飯綱町、西は長野市と接する、長野県の北部に位置する地域である。町内には、ナウマンゾウの臼歯の発見で有名な野尻湖があり、湖の中央には、宇賀神社と戦国武将の宇佐美定満のものとされる墓の存在する琵琶島が浮かび、船で渡ることができる。また、町の西部には、信濃富士ともいわれる、信濃町を代表する標高二〇五三メートルの成層火山である黒姫山があり、黒姫と黒龍が住むとか、大蛇にみそめられた黒姫は自らも大蛇と化し、山頂の池に身を投げたとか、様々な類話のある黒姫伝説も残っている。

江戸時代の柏原は、信濃国水内郡にあり、徳川幕府の直轄領で、代官の支配を受ける天領であった。柏原は、北国街道の宿場で、鳥居川の南にある古間宿と合宿で、月の前半を柏原、後半を古間宿で分担していた。一茶の家は宿場のやや南寄りにあった。

一茶は郷里においても俳人として多忙な生活を送り、門人の指導などで外に出ることが多く、農民詩人といわれるわりには一般の農民の生活とはかけ離れている。妻に関する記録は、多忙な一茶が家にいる時に書かれた断片的なものではあるが、そこからは、家産の手入れや近隣の農家の手伝いに出ている様子、また信仰など、家のことだけでなく、北信の地の農家に生まれた女性の生活や行動を読み取ることができるのである。

本章では、老境にさしかかった数え五十二歳（満年齢で五十歳）の一茶がはじめての妻を迎えた文化十一年四月から日記の終わる文化十五年十二月までの記録のうち、妻菊に関する記述を抜き出し、日記に書かれた妻の行動や生活についてみていくことにする。

第一節　一茶の家

一　柏原の小林一茶家

まず、菊が嫁入りすることになる、柏原の小林一茶の家について概略を記す(2)。

柏原には、中村・小林・若月の三姓が多く、一茶の家は、小林マケの一つで、何代目かの分家であるという。マケというのは同族のことであるが、小林家の祖先については定かではない。一茶の直接の先祖は近世初頭ごろに柏原に来住した小林某の何代目かの分家で、名を善右衛門といい、小林一族の墓にその名前と死亡年月日が残されており、延宝九年(一六八一)に亡くなったことが分かっている。一茶家は、その何度目かの分家の子孫で、祖父は享保末年ごろに兄弥五右衛門から分家しており、名を弥五兵衛というが、父が十歳のころに亡くなっている。一茶の祖母にあたる「かな」が、その後、息子を育てながら家を盛り立てていったといわれている。父も名を弥五兵衛といい、三十少し前に、新田二之倉(仁之倉とも。信濃町柏原仁之倉)の宮沢氏の娘「くに」と結婚した。

一茶は本名を弥太郎といい、宝暦十三年(一七六三)五月五日に生まれた。父三十一歳、母くにの年齢は不明である。しかし母は一茶が満二歳三か月の時に亡くなっており、幼い一茶の教育は、祖母かなが担ったことになる。

当時弥五兵衛の持高は田三石四斗一升、畑二石六斗四升、計六石五升で、柏原の本百姓一三八戸中四七番目で、その地位は村内で中の上であったという。屋敷地は間口九間三尺、奥行二三間の伝馬屋敷で、北国街道沿いに一軒前の屋敷を構えていた。

一茶が八歳の時に、倉井村(上水内郡飯綱町倉井)から二十七歳の「さつ」が後妻として嫁いできた。そして十歳の時に弟仙六が生まれている。

一茶の面倒をみた祖母のかなは、一茶が十四歳の時に亡くなり、十五歳になると一茶は江戸へ奉公に出された。父の弥五兵衛は読み書きができ、また弟仙六も文筆のたしなみがあったといわれ、一茶の家は農家ではあったが、文筆に無縁であったわけではなかった。

一茶は江戸での奉公生活において俳諧を覚え、やがて二六庵竹阿の門人となり、その後継者となり、江戸の町はずれで業俳として生計を立てた。

享和元年(一八〇一)、一茶三十九歳の時に父弥五兵衛が亡くなるが、この時一茶はたまたま柏原に帰っており、農家の家業が忙しい中、一茶が父を看病することになり、財産を弟と半分ずつに分けてもらう遺言を得た。父の死後、遺言があるにもかかわらず、一茶はまた江戸へ引き返し十年ほど過ごし、文化四年(一八〇七)ごろから帰郷への活動を本格化させ、財産分割に向けて継母・弟と争うことになる。そして翌文化五年に一部和解が成立し、田畑・山林などの財産の分割が行われ、柏原における本百姓の身分を得、宗門帳には一家として記載され、年貢の帳簿にも名をあらわすのである。一茶は文化九年の暮れに柏原に帰郷し、この時に最後通牒として屋敷と家財の分割ならびに父の死後からの利息分までを要求し、この主張も認められた。この和解にあたって力になったのが、一茶の母方の親戚で、後に一茶の仲人も務めた二之倉の宮沢徳左衛門であった。

こうして故郷での地位を確立し、文化十年には柏原での生活基盤を築きあげ、翌文化十一年四月に妻を迎えることになるのである。

二　嫁迎え

一茶が「菊」を嫁として迎えるのは、文化十一年(一八一四)四月十一日のことで、日記に「妻来　徳左ヱ門泊」と記されている。菊は、二之倉に住む一茶の母方の親類、宮沢徳左衛門とともに一茶宅にやってきた。宮沢徳左衛門は、妻の父親の常田久右衛門と親類で、一茶の結婚にあたって仲人を務めたようである。一茶は、嫁迎えの直前まで家を留守にしており、九日には二之倉に一泊し、前日の十日に柏原に帰り、十一日に嫁を迎える、という具合であった。

妻となる菊は、野尻宿の新田赤川(信濃町野尻赤川)の常田久右ヱ門の娘で二十八歳、常田家は下男・下女を雇っている大きな農家であったといわれている。(3)

一茶の家は、弟である隣家との仲もあまり良くない上に、家人もいないため、どの程度の祝言が行われたのかは想像もつかないが、一日おいた、十三日には、「下丁人々祝ニ来　百六文入」という記事がみえるため、町の人々が祝いに来ている様子はうかがえる。

十四日には、「妻役人巡」とあり、当時の慣習として嫁入りにあたって役人廻りが行われたのであろう。

十七日には、「母妻二倉泊　一茶野尻泊」とあるため、妻と母は小林家と常田家双方の親戚筋にあたる二之倉の宮沢家に泊まり、一方の一茶は門人のいる野尻に泊まっている。

一日あけた十九日には「午ノ下刻妻赤川行」とあるため、妻の初めての里帰りが行われたと考えられる。

一茶はしばらく柏原にとどまり、二十四日には「田植始」の記事もみえるが、本百姓としての身分を持ってはいるものの、本人は百姓仕事をせず、小作に任せているため、田植えの当日から門人指導のため越中に出掛けている。このため嫁入り間もない妻の菊が、すでに差配を始めていたのかもしれない。そして一茶が、六日後の五月一日に帰宅するまでの間、新婚後間もなく、菊は留守宅に残されていたことになる。

五月五日には「一茶婿入　赤川泊」とあり、一茶の初婿入りのために妻の実家の赤川に出掛けていき、一茶は一泊して先に帰り、妻は三泊し、八日に「母外二人」を同道して柏原に帰り、「赤飯配」を行っている。

三　一茶の病と長期の柏原滞在

一茶は門人廻りで忙しく、本百姓の身分とはいっても、小作を雇って耕作させ、自分で耕作をしているわけではないため、家をあけることが多かった。嫁をもらったからといって、生活を変えるわけではないため、菊と一緒に過ごす時間は決して多くはなかったといえる。

門人廻りで忙しい月は、自然と菊に関する記述も少なくなり、文化十一年八月～十二月末、文化十二年八月末～十二月末、文化十三年九月中旬～文化十四年七月初の三度の江戸旅行の期間以外でも、文化十二年二月、三月、文化十三年三月、七月、文化十四年九月、十月、文化十五年二月、六月、九月、十月、十二月など、菊に関する記録がまったくない月もある。表1は、一茶の外出や菊の生活について表にしたものである。一茶が出掛けている日は░網掛けにしてみたが、これをみると、一茶がいかに柏原を留守にしていたのかがよく分かる。

『七番日記』の中で、一茶がもっとも長く柏原にいて菊と一緒に過ごしているのが、文化十三年六月終わりから八月にかけての一か月半と、閏八月中旬～九月中旬までの約一か月の連続した時期である。どちらも途中二、三日出掛けている日はあるが、どれも長いものではなかった。

前半のひと月半のはじめは、相変わらずの門人廻りであるが、七月途中「瘧《おこり》」を発病し、柏原に帰ってしばらくはおとなしくしており、この時ばかりは妻のことどころではないようで、菊についての記述はない。瘧というのは、マラリヤ性の熱病で、間欠熱の一種であり、悪寒・発熱が、隔日または毎日時を定めておこる病気のことで、一茶も例にもれず、途中「今日申中刻瘧発シテ至止㆓夜戌刻㆒」、「未下刻瘧酉刻止」、「今日瘧止」などと度々記し、体調の良いときには墓参りにも出掛けている。

続く八月大の月は『七番日記』の中で、もっとも妻との生活についての記載が多い月である。四月十四日に生まれた初めての子どもを約ひと月後の五月十一日に亡くしているが、一茶はその後もほとんど家におらず、また、いても病気のため妻のことを気にする余裕がなかった。そのため少しは妻を気遣って家にいたのではないだろうか。

八月二日には「酉刻菊女近辺ニ不居　古間川沾捜ス所不見　然所家尻ニ洗濯シテ居タリシトカヤ」とあり、翌三日には、「春サシタル木瓜青々ト葉ヲ出シタル所　キク女一旦ノ怒ニ引ヌク　而後過ヲクヒテ又サシタリ　此木再根ツ

表１　文化十一年四月～文化十五年五月
（文化十五年六月以降は菊についての記録が少ないため省略した）
一茶外出日　――菊外出日　◎月経　＊出産　○交合　△月経推測日　数字は、妊娠月数

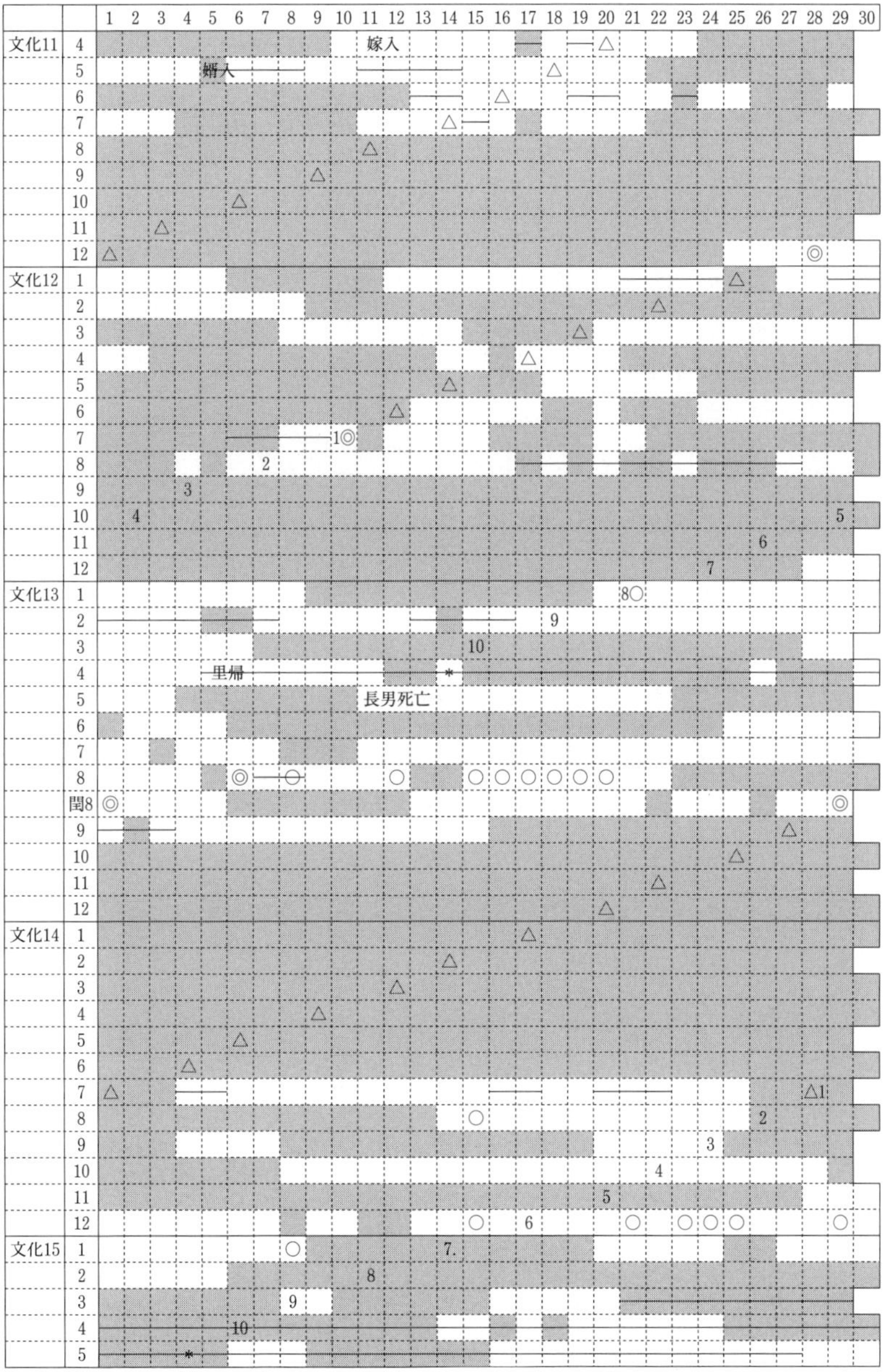

カバ不思議タルベシト云々」とある。年は離れており、普段はあまり家にいない上に、はじめての子どもを亡くしたばかりとあってか、日記の内容から、妻のことを気遣っている一茶の様子が読み取れて興味深い。

八月十五日は十五夜のためか「婦夫月見」をしている。

そしてこの月は、『七番日記』が、夫婦の性生活についての文芸であると特筆される所以の月の一つでもあり、「交合」についての記録が散見される。翌文化十四年十二月も一茶は長く柏原にとどまっており、この時も夫婦生活についての記載が多いのである。

第二節　菊の生活

一　仕事

菊の仕事についても断片的ながら日記に残されている。一茶家は、訴訟の末、本百姓の身分を保ってはいたものの、小作を雇っており、弟の家のように自ら汗水流して田畑を耕作するということはなかったようである。そのため、一茶が自分で耕作をしたという記録は残っていないが、妻の菊は、自家・他家に関わらず農家の仕事に携わっていたのではないかと思われる記録がある。

文化十一(一八一四)年五月十六～十八日にかけて「妻隣ニ雇」とある。その後しばらく一茶は家を留守にしているが、また六月十六日に「妻隣ニ雇」とある。隣とは、おそらく弟仙六の家のことで、五月と六月ということなので田植などの農作業に従事したのではないだろうか。

また六月十九、二十日に「妻二倉雇」とあり、二之倉の親類にも雇われ、一泊二日で出掛けている。二之倉には、

表２　『七番日記』にみる妻菊の記録　　（　）は筆者補

年号	月	日	天気	記事
文化11	4	11	晴	妻来 徳左ヱ門泊(仲人)
		13	雨	下丁人々祝ニ来 百六文入
		14	晴	妻役人巡
		17	晴	巳刻ヨリ時々地震 夜戌下刻 中地震 母妻二倉泊 一茶野尻泊
		19	晴	午ノ下刻妻赤川行(最初の里帰り)
		21	晴 夜雨	本坊非時ニ来 小丸山詣
		24	晴	田畑始
	5	5	大雨	一茶婿入 赤川泊(一茶の婿入)
		6	晴	一茶皈
		8	晴 夜雷雨	妻キク皈 赤川母外二人泊 赤飯配
		10	陰	甲刻ヨリ雨 義右ヱ門夕飯 キク同道
		12	晴	妻二倉行
		14	晴	妻皈
		16	陰	午刻ヨリ雨 戌刻止 妻隣ニ雇
		17	晴	妻同
		18	晴	飯綱山桑扱 妻同
	6	13	晴	キク善光寺詣
		14	晴 夜雷雨	キク皈
		16	晴	妻隣ニ雇
文化11	6	17	折々雨	赤渋村雲竜寺有大般若並今日黒姫登山 妻詣
		19	雨	寒 妻二倉雇
		20	雨	寒 妻従二倉皈
		23	晴	未下刻大夕雨 妻と赤川泊
		24	晴	未下刻雨 一茶皈
	7	15	雨	妻赤川ニ逝
		17	晴	赤川泊
	8	2	晴	善光寺三好ニ入(江戸行。同年一二月二五日帰郷。第一回)
	12	25	昼雪 晴	(一茶)柏原ニ入
		28	晴	妻月水
文化12	1	21	晴	墓詣 妻赤川逝
		24	吹雪	妻皈
		25	甲刻吹雪	赤川行
		27	晴	柏原ニ皈
		28	晴	酒二升 従赤川買
		29	晴	妻二倉泊
		30	雨	妻皈
	2	記載なし		
	3	記載なし		
	4	1	晴	妻ト庭ノ花見
		20	晴	寒 妻雇ル二倉
	5	8	晴	妻本陣夕飯
	6	8	晴	未刻小雨 赤川出火見舞ニ逝一夜泊
	7	9	陰	去六日妻赤川行今日皈 ナデシコ植
		10	雨	妻月水

年号	月	日	天気	記事
文化12	8	16	晴	妻ニ用弓(芎)黄散
		17	晴	妻赤川　一茶泊
		27	晴	未刻雰(霧)雨　柏原ニ入　木老来　妻皈　きく女従赤川皈
		30		ケノニ入(江戸行。同年一二月二八日帰郷。第二回)
文化13	1	30	晴	本陣孫祝招妻
	2	1	晴	妻赤川年始礼
		5	晴	逝赤川
		7	雪　昼晴	二人皈柏原
		13	晴	朝茶饗　赤川久右ヱ門殿中気起　妻行
		14	晴	一茶赤川ニ入　墓詣
		16	晴	妻従赤川皈
		19	晴	又陰　妻宝引　三百五十文損
		23	雪	夜於三次郎家野尻安養寺談仏法　妻詣皈亥剋
		24	晴	冷如大寒　安養寺如昨日妻詣　皈午刻
	3	記載なし		
	4	5	晴	妻赤川行　一茶同道　夜雨
		6	風雨	逗留
		14	晴	上町ニ入　菊女生男子
		28	晴	赤川　寒
	5	11	晴	午刻ヨリ雨　柏原ニ入　四月十四日生男子寅刻没
	6	28	雨	きく寺参
	7	8	晴	午刻白雨　アサノニ入　従酉刻瘧大発　戌刻甚至止寅刻
		10	晴	上丁ニ入　『杖祝集』為二清書一雖二瘧中一為二推参一

年号	月	日	天気	記事
文化13	7			所二今日申中刻瘧発シテ至止二夜戌刻一　集清書中途ニシテ翌十一日念皈ンコト二柏原一
		11	晴又陰	卯刻ニ出長沼巳八刻ニ入柏原
		12	晴牛(午)刻雨	甲(申)五刻瘧至夜亥刻
		14	晴午刻雨	畳干　未下刻瘧酉刻止
		16	晴	未刻白雨　今日瘧止
	8	2	晴	大風吹　酉刻菊女近辺ニ不居　古間川迠捜ス所不見　然所家尻ニ洗濯シテ居タリシトカヤ
		3	晴	時々雨又風　春サシタル木瓜青々ト葉ヲ出シタル所　キク女一旦ノ怒ニ引ヌク　而後過ヲクヒテ又サシタリ　此木再根ツカバ不思議タルベシト云々
		5	晴	未下刻ヨリ雨　赤川ニ泊
		6	晴	巳刻雨　キク月水　弁天詣
		7	晴	菊女赤川ニ入
		8	晴	夕方一雨　菊女皈　夜五交合
		12	晴	夜三交
		15	晴	婦夫月見　三交
		16	晴	三交
		17	晴	墓詣　夜三交
		18	晴	夜三交
		19	晴	三交
		20	晴	三交

年号	月	日	天気	記事
文化13	8	21	晴	牟礼雨乞　通夜大雷 隣昼飯　四交
			晴	母ニ進昼飯
	閏8	1	晴	柏原ニ入　夜雨 キク月水
		18	晴	妻栗拾　一日カヽリテ一升計ト云
		29	晴	キク月水
	9	1	晴	赤川父因焼傷今日キク行ト云々
		2	晴	卯刻首途シテ一茶入赤川
		3	晴	二人柏原ニ入
		5	晴	キクト中山萱刈　茸取　栗拾
		7	晴	赤川ニ行（中略）夕飯
		13	雨	妻二倉夜
		14	晴	一茶二倉夕飯
		16	晴	六川ニ入（江戸行。翌年七月四日帰郷。第三回）
文化14	7	4	晴	柏原ニ入　きく女赤川ニ行　ルイ女留守
		5	晴	きく女飯
		16	晴	夜孫ノ七夜祝ニ倉逝　一茶飯きく泊
		17	晴	きく飯
		19	晴	赤川ニ入
		20	昼雨	陰　甲刻雨　妻赤川ニ入
		21	晴	隣昼飯
		22	陰	又晴　申刻夕立　未刻きく帰
	8	4	小雨	柏原ニ入　三交
		5	晴	井堀　二交
	9	記載なし		
	10	記載なし		
	11	11	晴	高梨入　妻肚（妊）夢
	12	8	晴	赤川泊
		15	大雪	暁一交

年号	月	日	天気	記事
文化14	12	18	晴	雪　キク女数珠袋失ス今日卯刻箱ノ間ヨリ出ル所血点在怪異也ト云々
		21	晴	暁一交
		23	晴	昼一交
		24	雪	昼一交
		25	雪	昼一交
		29	晴	五交
文化15	1	3	雪	隣夕蕎麦　菊女二人逝
		8	晴	昼一交
	2	記載なし		
	3	21	晴	墓詣　隣昼飯 菊女去七月孕ミテヨリ二百七十日ナレバ出産近キニヨリ頼ニ赤川ニ一茶同道
	4	18	昼ヨリ晴	赤川ニ入
		19	晴	巳上刻柏原ニ入　赤川諸払スム 金一分ト五百文預ル
		25	陰	キク男子ウム夢
		27	雨	キク安産アリシ夢
	5	4	晴	キク女子生ム
		19	晴	赤川ニ入　夜雨
		27	晴	キク女飯　母泊　僕卅二文遣
	6	記載なし		
	7	10	晴	菊女飯
	8	10	晴	夜本陣夕蕎麦　キクト二人
	9	記載なし		
	10	記載なし		
	11	17	雪	柏原ニ入　菊女赤川逝
		18	晴	赤川火見廻
		26	陰	古間昼飯　夕菊女飯
	12	記載なし		

翌文化十二年四月二十日にも「妻雇ル二倉」とあり、これも時期的には農作業に雇われたと考えられる。

ほかには、文化十三年閏八月十八日には、「妻栗拾　一日カヽリテ一升計ト云」とあり、栗拾いを行っている。翌九月五日には「キクト中山萱刈　茸取　栗拾」とあるため、一茶も菊とともに山に入り、萱刈りや茸取り・栗拾いなどの仕事をしている様子がはじめて記されている。一茶が山仕事をする記述は後にも先にも、この部分しかない。

二　信仰による外出

信仰による寺院参りも度々記載されている。

文化十一年(一八一四)六月十三、十四日には、一泊二日で善光寺詣に出掛けている。三日後の六月十七日には「赤渋村雲竜寺有大般若並今日黒姫登山」とあり、雨模様の天気ではあったが、参詣に出掛けている。雲竜寺は、黒姫山雲龍寺と号する曹洞宗の寺院で、信濃町柏原のうちにある。山号にある通り、黒姫伝説の地とされる黒姫山の里宮とされ、黒姫を供養しているという。十七日は黒姫さんの命日などといわれており、かつては仕事を休み、十六日の午後に黒姫山に登り、山頂で一泊してから、十七日の御来光を拝んで下山し、雲龍寺で祭典が行われていたとか、十六日には雲龍寺本堂に泊まり、翌日早朝黒姫山に登山し、山頂で法要を行ったというが、戦争で中断されたままであるという。菊は、前日十六日には「隣雇」われており、十七日だけ参詣している。

文化十三年二月二十三日には、「於二次郎家野尻安養寺談仏法」があり、雪であったが菊は出掛けている。翌二十四日は「冷如大寒」であったが、前日のように詣でていた。安養寺は、浄土真宗本願寺派の寺院で信濃長野尻にある。このひと月半後に菊は出産しているため、この時は妊娠八か月くらいであったと考えられる。

三　里帰りと二之倉の親戚

姑のいない気楽な夫婦二人暮らしのためか、菊はよく里帰りしている。文化十一年(一八一四)四月十九日の嫁入り後の初里帰りと、同年五月五日の一茶の初婿入り以降、同年六月二十三日には「妻と赤川泊」とあり、夫婦となって落ちついてから初めての里帰りを夫婦揃って行っており、赤川に泊まっている。翌二十四日には「一茶飯」とだけあるため、一茶が一人で帰り、その後一茶は二十六日から門人廻りに出掛けているため、菊がいつ帰ったかは定かではない。

翌月七月十五日には「妻赤川ニ逝」とある。この日、菊がそのまま帰ったかどうかは不明だが、二日後の十七日には一茶も赤川に泊まっており、約二週間後の八月早々に一茶は江戸へ出立し、年末まで帰ってこない。嫁入りして約四か月後に一茶は長期の旅に出るが、一方でわずか四か月の間に、菊は月に一度は一茶とともに、あるいは一人で里帰りをしているのである。

一茶が結婚後一度目の江戸旅行から帰ってきた文化十二年には、菊はまず一月二十一日に里帰りし、二十四日に帰っている。その後しばらくは一茶の外出が多く、菊に関する記述はないが、六月八日には「赤川出火見舞ニ逝一夜泊」とあり、これは夫婦で出掛けたものと考えられる。

同年七月は、一日から一茶が門人廻りに出掛けていない間に、菊は赤川に帰っており、一茶が八日に柏原に帰ってきた時には家におらず、九日の日記に「去六日妻赤川行今日皈」と記されている。

八月十六日には「妻ニ用弓《（芎）》黄散」とあり、体調が悪い菊に薬を与え、翌十七日には「妻赤川　一茶泊」とあり、妻を赤川に連れ帰っている様子がうかがえる。これは翌年四月の出産と前月の月水の記録から、おそらく悪阻が始まり、体調を崩したものと考えられる。この後しばらく、一茶は長期の外出はせず、珍しく柏原周辺で過ごしている。菊はすぐには柏原には帰らなかったようで、八月二十七日に「妻皈　きく女従赤川皈」とあり、二十日ぶりに帰ってきた妻に従って、また赤川に帰っている。そして三日後の三十日には、一茶は結婚後二度目の江戸への旅に出掛けており、身重の菊を置いて年末まで柏原には帰ってこなかったのである。

妊婦となった菊の里帰りが記されるのは、一茶が帰ってきた翌文化十三年二月一日のことで「妻赤川年始礼」とあり、帰宅については記されておらず、五日に一茶が赤川に出掛け、七日に「二人皈柏原」とあるため、菊は一日から滞在したままだったのであろう。次は一週間もたたない十三日のことで、「赤川久右ヱ門殿中気起　妻行」とあり、父の病気見舞いに出掛け、帰宅は十六日であった。

三月中は一茶は門人廻りで三週間留守にしており、菊についての記録はないが、翌四月五日には「妻赤川行一茶同道」とあり、菊の初産のための里帰りに一茶も同行していたことが分かる。十四日には「菊女生男子」とあり、長男「千太郎」が生まれるが、ひと月後の五月十一日には亡くなっている。その後しばらくは菊についての記述はないため、菊が出産後いつ柏原に帰ってきたのか定かではないが、六月二十八日には「きく寺参」とあるため、この時には、すでに帰っていたことが分かる。

その後、八月大の月七日に赤川に帰っており、八日には柏原に戻っている。翌閏八月は里帰りの記録はないが、九月一日には「赤川父因焼傷今日キク行ト云々」とあり、菊は赤川に出掛けており、二日には「首途シテ一茶入赤川」と一茶も赤川に出掛けており、翌三日に二人で柏原に帰っている。この月末には一茶は結婚後三度目のもっとも長い江戸旅行に出掛けている。

一茶が柏原に帰ってきたのは、江戸へ出掛けて約九か月後の文化十四年七月初めのことであるが、久しぶりに夫が帰ってきたにもかかわらず、その日も菊は赤川に出掛け、帰ってくるのは翌日のことであった。そして同月下旬の二十日にはまた赤川に出掛け、帰ってくるのは二日後の二十二日であった。

この後は、一茶がいないことなどもあり、文化十五年三月二十一日に二度目の出産のために里帰りするまでは、赤川への里帰りは記録されていない。出産したのは五月四日であったため、この里帰りは、少し早すぎたようで、菊は実家に二か月以上滞在したことになる。

菊と長女が五月二十七日に柏原に帰ってきた後は、六月二十三日から外出中であった一茶が七月八日に柏原に帰郷した二日後の十日に「菊女皈」とあり、一茶の留守中にどこかに出掛けていた菊が帰ってきたという記録がある。その後は一茶の出入りが激しいため、しばらく菊は日記には登場しない。十一月十七日に「菊女赤川逝」という記録があり、帰ってきたのは二十六日であった。

以上が菊の里帰りの記録であるが、菊は一茶が柏原にいる数少ない日々においても、月に一度は何らかの理由を付けて里帰りしている様子がうかがえる。また、時には一茶が連れ帰るために迎えに出掛けているような様子もうかがうことができる。

菊は、こうした里帰りのほかにも、夫婦にとっての親戚筋である二之倉にも頻繁に出掛け、泊まっている。まず祝言から六日後の文化十一年四月十七日には「母妻二倉泊」とある。翌五月十二日「妻二倉行」とあり、十四日「妻皈」とある。六月には、二之倉に雇われ、十九日から一泊二日で出掛けている。文化十二年一月二十九日にも一泊二日で出掛けている。この後四月二十日に二之倉に雇われて以降は、しばらく二之倉へ出掛けた記録はない。

次に二之倉の記事が出てくるのは、文化十三年九月十三日のことで「妻二倉夜」との記録があり、これ以降、一茶はしばらくの間柏原にはいないため記録はない。

次は一茶の帰ってきた文化十四年七月十六日「夜孫ノ七夜祝二倉逝　一茶皈きく泊」というもので、一茶は帰るが、菊だけ一泊し、十七日に帰っている。これ以降は『七番日記』においては、二之倉行きの記録はない。二之倉に出掛けた場合は、たいていは一晩くらい泊まっている。これらをみると、菊は一般の農家の女性とは比較にならないほど外出していたのではないだろうか。

第三節　日記にみる女の生活―菊の月経と出産―

一　月経

『七番日記』の特徴の一つとしてよく取り上げられるのが、一茶と菊の夫婦生活に関する記録である。前述のように初老で初めての妻を迎えた一茶には、文化十三年（一八一六）四月に初めての子どもが生まれているが、ひと月足らずで亡くしている。その後文化十四年十一月十一日の日記に「妻肚《妊》夢」とあり、子どもを切望している気持ちが伝わる。こうした気持ちからか妻との性生活を記録し、また妻の妊娠を気にするあまりか、妻の月経についての記録も残しているのである。一茶は門人指導や江戸旅行で留守がちであったため、その記録はかなり断片的なものではあるが、当時の女性の身体について記した珍しい記録として評価することができる。

菊の月経については、文化十一年・文化十二年それぞれ一回と、文化十三年の連続した三回の、計五つの記録が残されている。これらの記録は「妻月水」「キク月水」と記されているのみで、菊の月経の全体像が把握できるわけではない。しかしその前後の記録から、菊の月経期間や行動を推測することができる。まず文化十三年八月大の月と閏八月の三回の月経の記録と、翌十五年の出産の記録から、菊の月経周期について計算し、続いてそれ以前の文化十一年と文化十二年の月経と文化十三年の出産の記録を合わせて、菊の月経周期について割り出してみると、表1の記号のように捉えることができる。＊印は出産日、◎印が菊の月経について記された日、△印は出産と月経の記録から割り出した月経推定日、△から次の△の前の日までの間が月経周期ということになる。

まず月経周期についてであるが、文化十三年の三回の記録をみると、まず八月大の月には、六日に来潮し、次は翌閏八月の一日である。この数字だと月経周期は二十六日で、二十七日周期より少し早いようであるが、これは出産後長男がひと月足らずで死亡し、その後月経が再開したと推測すると、少しずれても仕方がない数字といえる。この次の月経は同じ八月の二十九日に来潮しており、二十八日周期に変わっている。以後菊の月経についての記録はみられないが、表1に割り出したように、この後一茶は菊が月経の時には在宅していないことが分かり、二度目の出産にいたる。これに文化十一年と文化十二年の月経の記録、文化十三年の一度目の出産とを合わせて周期を割り出してみると、菊は約二十七日周期で月経を迎えていたということができる。

これは、あくまでも菊は正常な月経周期の女性という前提で割り出した数字であるため、実際には、若干のズレも想定されるが、菊は四年間の結婚生活で、夫が外出がちであるにもかかわらず、二回の妊娠・出産を経験しているため、月経と出産の間隔からは月経不順は当たらないものと推測し、ここでは正常な月経周期の女性として分析していく。

月経持続期間については、月経の前後に一茶か菊が出掛けている期間があるため、断定できるわけではないが、出掛けていない場合は、始まった日を記録しているものと考える。このため文化十三年八月六日の月経の場合、五日は「赤川ニ泊」とあり、一茶と菊が二人で泊まったのか、あるいは一茶だけが泊まったのか判断はつかないが、もし一茶一人なら、月経の開始は五日あるいは六日ということになり、夫婦で赤川に泊まった場合は、六日と推測できる。

そしてその終わりについては、八日に「夜五交合」という記述があるため、当時は月経中の交合には禁忌がつきものので、月経中の交合は考えにくいため、八日には終わったものと考えられ、長くて五〜七日の三日間、短くて六、七日の二日間ということになる。三日というのは、正常な月経持続期間の範囲とされており、また二日であった場合でも、順調な妊娠・出産から考えて、個人差の範囲なのではないかと考える(4)。

二　出産

文化十二年（一八一五）の最初の妊娠の時に悪阻という記載はないが、同年八月の妊娠の兆候があらわれ始めたと考えられる時期に「妻ニ用弓《（芎）》黄散」とあり、頭痛・気鬱に効くとされる鎮静薬を妻に与えている。その後の経過は順調だったのか、一茶は江戸旅行に出掛けるなどしており、菊は出産の九日前に里帰りしている。この時は「妻赤川行一茶同道」とあり、一茶が里まで同行し、翌日も逗留している。そして四月十四日には男子が生まれるが、翌五月十一日に亡くなっている。

二度目の出産の時には、「菊女去七月孕ミテヨリ二百七十日ナレバ出産近キニヨリ頼二赤川一一茶同道」と記しており、三月二十一日に一度目と同じように一茶が同行して里帰りしている。また一茶は妊娠から二百七十日で出産間近という認識を持っており、出産について現代と変わらない知識を持っていることがうかがえて興味深い記事である。

菊は出産間近として里帰りしたにもかかわらず、なかなか生まれないため、四月二十五日「キク男子ウム夢」とか、二十七日には「キク安産アリシ夢」などとあり、一茶の心配がうかがえる。一茶は二度目の妊娠期間中は長期の外出はしていないが、そうこうするうちに五月四日にやっと長女「サト」が生まれた。

出産の時期から遡ると、実際に妊娠した時期は若干遅いようで、表1に記した「月経推定日」から考えると、最終月経日は一茶のいない七月の終わりにあったことになるが、留守がちな一茶であったため、自分の現状把握と実態は少しずれていたようである。当の菊にとっては順調な妊娠・出産であったということになる。

おわりに

以上が、夫の一茶の眼によって記された妻の生活の記録であるが、この日記は女性の場合は、あまり記録しないようなことまでも書きとめた希有の記録でもある。

菊は、一茶といる少ない日々の内にも何度となく赤川や二之倉へ出掛け、泊まっている。こうした生活の一方、不在がちな夫が年下の妻を気遣う様子も度々記されている。幕末の女性の生活を記録したものや女性自身によってあらわされた日記などはほかにもあるが、月経や性交・妊娠とその症状など、女性の身体に関する内容をも含んだものは管見の限りでは見当たらない。この日記は男女関係について記した希有の日記として評価されるが、女性の身体性にまで注目したという意味でも大変貴重な記録として評価してよいのではないだろうか。

この日記の中で筆者がもっとも関心を持ったのは、月経についての記録である。出産の記録と合わせると、月経周期などを割り出すことができると考えたからである。ここに記された記録からは、菊は月経期間が二〜三日間と短い女性であったことが推定できる。月経期間については、三〜七日間は個人差とされるが、最近では七日間の女性が増えてきているようである。しかしかつての月経期間は、菊のように実際には短かったのではないかと考えている。筆者は、近代以降、日本女性の月経は変質したのではないかと考えている。今回はその一資料として、菊の事例をあげることができた。今後こうした事例を集め、分析を進めたいと考えている。

註

（1）本章では、底本として、岩波文庫『一茶　七番日記』（丸山一彦校注、二〇〇三）上・下巻を用いるが、文化十一年（一八一四）以降は下巻に入るため、主として下巻を参照する。
（2）信濃町誌編纂委員会編『信濃町誌』（信濃町、一九六八）二九六～三一六頁。
（3）前掲註（2）三〇四頁。
（4）女性の月経期間の変遷については、本書、序章で少しだけ分析している。

【初出一覧】　収録にあたって加筆訂正した。

序　章　おんなの身体論
「オンナの身体論」『長野県民俗の会会報』第二九号　二〇〇六年（長野県民俗の会総会講演〔二〇〇五年一一月一九日　松本市立博物館〕記録をもとに加筆修正）

第一部　月　経

第一章　月経の歴史
「月経の歴史」『科学研究費報告書』（科研費基盤研究C19520708）二〇一〇年
第二章　月経の名称―現代の月経―
「月経の名称―現代の月経―」『跡見学園女子大学文学部紀要』第四八号　二〇一三年（日本民俗学会第六十四回年会〔二〇一二年一〇月七日　東京学芸大学〕の口頭発表「月経の伝承」の内容の一部をもとに加筆修正）

第二部　産　育

第一章　妊娠期間の数え方
「妊娠期間の数え方」『中央評論』六五巻一号（中央大学）二〇一三年
第二章　坐産から寝産へ―身体技法で読み解くお産の伝承―
「縦から横へ―身体技法で読み解くお産の伝承―」谷口貢・鈴木明子編『民俗文化の探求』岩田書院　二〇一〇年
第三章　二〇〇〇年の産育儀礼
「二〇〇〇年の産育儀礼」大島建彦編『民俗のかたちとこころ』岩田書院　二〇〇二年

第三部　暮らし

第一章　新潟県上越市の女性の暮らし
「めぐる人生」『上越市史』民俗編　二〇〇四年
第二章　神奈川県藤沢市村岡の産育儀礼と職業産婆
「村岡の産育儀礼と職業産婆」『藤沢市史研究』第三三号　二〇〇〇年
第三章　小林一茶『七番日記』にみる女性の生活
「『七番日記』にみる女性の生活と北信の民俗」『市史研究ながの』第一三号　二〇〇六年

あとがき

平成最後の一年は、さまざまな自然の猛威をあらためて感じることの多い日々である。あらためて内閣府の防災情報のページを確認してみたが、九月現在、まだ残り三か月半あるにもかかわらず、すでにあらゆる自然災害のオンパレードである。

一月・二月の大雪。私は六月三日に山形県東根市のさくらんぼマラソン大会に参加したが、マラソンコースを走りながら眺めた月山の残雪に、あらためてその凄さを感じたことを思い出す。

一月の草津白根山をはじめとして、平成二十九年に続いての五月の霧島山、平成二十七年に続いての八月の口永良部島の火山活動など、温泉などの恵みの陰には、荒々しい山の脅威が隠れていることを思い知らされる。

そして今年、何度も繰り返された豪雨や台風による風水害は、自然の脅威が人に襲いかかる現実を目の当たりにした。その一方で、地球温暖化の影響か、日本列島の気候が変化していることを思わずにはいられない、史上初が連呼される猛暑ならぬ酷暑も続いた。

また、各地で大小さまざまな地震が発生したが、震度五強の地震が、四月九日に島根県西部、五月二十二日に長野県北部を震源として発生し、震度六弱の地震が、六月十八日に大阪府北部を震源として発生した。そして九月六日には、北海道胆振地方中東部を震源とする震度七の地震が発生した。

各地には、風・雨・雷・地震をはじめとして、さまざまな自然現象に関連する神々が祀られている。ひとたび自然災害が発生すると、為す術もない無力感を思い知らされることになるが、古来から、自然を畏れ、敬い、祈ってきたことに、あらためて思いを馳せる。

筆者は、平成二十三年の東日本大震災（東北地方太平洋沖地震）の時には、東京で震度五強の地震を経験した。東北地方の状況とはくらべるべくもないが、当時、電車などの移動手段が途絶え、徒歩で帰らざるを得ない多くの人々の状況を垣間見、フィールドワーカーとして歩くことには自信があったものの、ただ歩ける、ということだけでは事足りないと考えるようになり、走ることに挑戦することにした。自然に抗うことは難しいが、一方で、人工に頼ることができなかったときに、頼りになるのは自分自身の持つ力であると考えたからである。その結果、決して速くはないが、フルマラソンを完走できる脚力を身に付けることができ、現在までで二回フルマラソンを完走している。近年の目標は、複数の大会合わせて、レースで年間一〇〇〇キロメートル走ることである。平成三十年は、九月現在すでに一〇〇〇キロメートルを超えており、二〇〇〇キロに届くかどうかという状況である。

走ること、走るための体作り、走ることによって体を壊すことなどまでも踏まえて、自分の肉体に向き合う体験は、本書で扱う身体論の研究を行う上で、とても有益となっている。

ここまでを見れば、経験に基づいた順調な研究生活と思えるかもしれないが、実際には、この約二十年は、さまざまな要因が重なりあって、思うように研究を進めることができない歳月でもあった。博士の学位を取得することはできたものの、思うようにフィールドワークに出ることができなかったためである。そのような状況において、身近なところで、遠出しなくても研究できることはないか、足下を見つめ直した結果たどり着き、まとめることができたのが、本書である。

学位論文では、民間信仰や民間宗教者、民俗芸能の研究成果をまとめたため、筆者の研究を古くから知っている人は、本書は大きく方向性が異なっており、別人と思われるかもしれないが、人が注目してこなかった分野の研究という意味では、筆者の中では、ある意味一貫している。ただ、女性を研究テーマにするということ自体は、筆者自身、かつては考えてもいなかったことも事実である。なぜなら、多くの先輩たちが女性研究を行っており、自分には関係ないことと考えていたからである。しかし、足下を見つめ直してみると、案外、手の着けられていない研究がたくさんあることを発見することができた。研究とはそういうものなのかもしれない。

本書所収の論文執筆の時点から少し時間がたっているし、また本書をまとめ始めてからも、少し時間がかかってしまった。女性研究の分野は進んでいる。しかし、女性をめぐる身体技法や身体論に関しては、管見の限りでは、残念ながら進んでいるようには思えない。言い訳になるが、筆者自身、思うように研究を進めることができなかった事も確かである。本書を契機として、月経や出産、女らしさといった問題に関して、新たな視点での議論につなぐことができれば、著者として本望である。

本書所収の論考の中には、初出当時と情報が変わっているものもあるにはあるが、研究内容と直接関係がないものは、そのまま本書に再掲した。

研究の継続が困難に陥りそうになったことが何度もあったが、その度に、井上円了記念研究助成金やトヨタ財団の研究助成金、また科学研究費補助金などを取得することができ、なんとかあきらめずに続けることができた。

本書刊行にあたって、一方ならず助けて頂いた、倉石あつ子・忠彦夫妻、また何度も崩れかけた筆者を叱咤してくれた岩田書院の岩田さん、多くの人の力があって、ここまでたどり着くことができた。感謝申し上げる。

人間誰しも、避けて通ることのできない事態に直面することもあると思うが、一歩ずつでも前に進んでいれば、なんとか先に進むことができる。

地球上に生きている限り、やまない雨はないし、明けない夜はない。さまざまな小さな一歩を踏み出しながら、人類は未来に向けて進化していく。そう信じている。

明治百五十年、平成最後の夏のおわりに

鈴木　明子

著者紹介

鈴木 明子（すずき・あきこ）

明治百年の年に東京都江戸川区に生まれ、葛飾育ち。
東洋大学文学部史学科西洋史専攻卒業。
東洋大学大学院文学研究科国文学専攻博士後期課程修了。博士（文学）。
千代田区文化財調査指導員、日本学術振興会特別研究員等をへて、
現在、跡見学園女子大学・國學院大學・中央大学兼任講師。

主な論著
『民俗文化の探究』共編著　岩田書院　2010年
「女性の民俗」『日本人の一生』　八千代書院　2014年
「衣の記憶」『はじめて学ぶ民俗学』　ミネルヴァ書房　2015年
「近世における願人の発生」『日本民俗学』205号　1996年
「住吉大社の御田植神事の変遷（後）」『東洋学研究』44号　2007年

おんなの身体論《しんたいろん》 ―月経・産育・暮らし―

2018年(平成30年)10月11日　第1刷　300部発行　**定価［本体4800円＋税］**

著　者　鈴木 明子

発行所　有限会社岩田書院　代表：岩田　博　http://www.iwata-shoin.co.jp
〒157-0062 東京都世田谷区南烏山4-25-6-103　電話03-3326-3757　FAX03-3326-6788
組版・印刷・製本：熊谷印刷

ISBN978-4-86602-054-9 C3039　￥4800E

岩田書院 刊行案内（25）

			本体価	刊行年月
942	黒田　基樹	北条氏房＜国衆19＞	4600	2015.11
943	鈴木　将典	戦国大名武田氏の領国支配＜戦国史14＞	8000	2015.12
944	加増　啓二	東京北東地域の中世的空間＜地域の中世16＞	3000	2015.12
945	板谷　　徹	近世琉球の王府芸能と唐・大和	9900	2016.01
946	長谷川裕子	戦国期の地域権力と惣国一揆＜中世史28＞	7900	2016.01
947	月井　　剛	戦国期地域権力と起請文＜地域の中世17＞	2200	2016.01
948	菅原　壽清	シャーマニズムとはなにか	11800	2016.02
950	荒武賢一朗	東北からみえる近世・近現代	6000	2016.02
951	佐々木美智子	「産む性」と現代社会	9500	2016.02
952	同編集委員会	幕末佐賀藩の科学技術　上	8500	2016.02
953	同編集委員会	幕末佐賀藩の科学技術　下	8500	2016.02
954	長谷川賢二	修験道組織の形成と地域社会	7000	2016.03
955	木野　主計	近代日本の歴史認識再考	7000	2016.03
956	五十川伸矢	東アジア梵鐘生産史の研究	6800	2016.03
957	神崎　直美	幕末大名夫人の知的好奇心	2700	2016.03
958	岩下　哲典	城下町と日本人の心性	7000	2016.03
959	福原・西岡他	一式造り物の民俗行事	6000	2016.04
960	福嶋・後藤他	廣澤寺伝来　小笠原流弓馬故実書＜史料叢刊10＞	14800	2016.04
961	糸賀　茂男	常陸中世武士団の史的考察	7400	2016.05
962	川勝　守生	近世日本石灰史料研究Ⅸ	7900	2016.05
963	所　理喜夫	徳川権力と中近世の地域社会	11000	2016.05
964	大豆生田稔	近江商人の酒造経営と北関東の地域社会	5800	2016.05
000	史料研究会	日本史のまめまめしい知識１＜ぶい＆ぶい新書＞	1000	2016.05
965	上原　兼善	近世琉球貿易史の研究＜近世史44＞	12800	2016.06
967	佐藤　久光	四国遍路の社会学	6800	2016.06
968	浜口　　尚	先住民生存捕鯨の文化人類学的研究	3000	2016.07
969	裏　　直記	農山漁村の生業環境と祭祀習俗・他界観	12800	2016.07
971	橋本　　章	戦国武将英雄譚の誕生	2800	2016.07
973	市村・ほか	中世港町論の射程＜港町の原像・下＞	5600	2016.08
974	小川　　雄	徳川権力と海上軍事＜戦国史15＞	8000	2016.09
975	福原・植木	山・鉾・屋台行事	3000	2016.09
976	小田　悦代	呪縛・護法・阿尾奢法＜宗教民俗９＞	6000	2016.10
977	清水　邦彦	中世曹洞宗における地蔵信仰の受容	7400	2016.10
978	飯澤　文夫	地方史文献年鑑2015＜郷土史総覧19＞	25800	2016.10
979	関口　功一	東国の古代地域史	6400	2016.10
980	柴　　裕之	織田氏一門＜国衆20＞	5000	2016.11
981	松崎　憲三	民俗信仰の位相	6200	2016.11
982	久下　正史	寺社縁起の形成と展開＜御影民俗22＞	8000	2016.12

岩田書院 刊行案内（26）

			本体価	刊行年月
983	佐藤　博信	中世東国の政治と経済＜中世東国論６＞	7400	2016.12
984	佐藤　博信	中世東国の社会と文化＜中世東国論７＞	7400	2016.12
985	大島　幸雄	平安後期散逸日記の研究＜古代史12＞	6800	2016.12
986	渡辺　尚志	藩地域の村社会と藩政＜松代藩５＞	8400	2017.11
987	小豆畑　毅	陸奥国の中世石川氏＜地域の中世18＞	3200	2017.02
988	高久　　舞	芸能伝承論	8000	2017.02
989	斉藤　　司	横浜吉田新田と吉田勘兵衛	3200	2017.02
990	吉岡　　孝	八王子千人同心における身分越境＜近世史45＞	7200	2017.03
991	鈴木　哲雄	社会科歴史教育論	8900	2017.04
992	丹治　健蔵	近世関東の水運と商品取引 続々	3000	2017.04
993	西海　賢二	旅する民間宗教者	2600	2017.04
994	同編集委員会	近代日本製鉄･電信の起源	7400	2017.04
995	川勝　守生	近世日本石灰史料研究10	7200	2017.05
996	那須　義定	中世の下野那須氏＜地域の中世19＞	3200	2017.05
997	織豊期研究会	織豊期研究の現在	6900	2017.05
000	史料研究会	日本史のまめまめしい知識２＜ぶい＆ぶい新書＞	1000	2017.05
998	千野原靖方	出典明記 中世房総史年表	5900	2017.05
999	植木・樋口	民俗文化の伝播と変容	14800	2017.06
000	小林　清治	戦国大名伊達氏の領国支配＜著作集１＞	8800	2017.06
001	河野　昭昌	南北朝期法隆寺雑記＜史料選書５＞	3200	2017.07
002	野本　寛一	民俗誌・海山の間＜著作集５＞	19800	2017.07
003	植松　明石	沖縄新城島民俗誌	6900	2017.07
004	田中　宣一	柳田国男・伝承の「発見」	2600	2017.09
005	横山　住雄	中世美濃遠山氏とその一族＜地域の中世20＞	2800	2017.09
006	中野　達哉	鎌倉寺社の近世	2800	2017.09
007	飯澤　文夫	地方史文献年鑑2016＜郷土史総覧19＞	25800	2017.09
008	関口　　健	法印様の民俗誌	8900	2017.10
009	由谷　裕哉	郷土の記憶・モニュメント＜ブックレットH22＞	1800	2017.10
010	茨城地域史	近世近代移行期の歴史意識・思想・由緒	5600	2017.10
011	斉藤　　司	煙管亭喜荘と「神奈川砂子」＜近世史46＞	6400	2017.10
012	四国地域史	四国の近世城郭＜ブックレットH23＞	1700	2017.10
014	時代考証学会	時代劇メディアが語る歴史	3200	2017.11
015	川村由紀子	江戸・日光の建築職人集団＜近世史47＞	9900	2017.11
016	岸川　雅範	江戸天下祭の研究	8900	2017.11
017	福江　　充	立山信仰と三禅定	8800	2017.11
018	鳥越　皓之	自然の神と環境民俗学	2200	2017.11
019	遠藤ゆり子	中近世の家と村落	8800	2017.12
020	戦国史研究会	戦国期政治史論集　東国編	7400	2017.12

岩田書院 刊行案内 (27)

			本体価	刊行年月
021	戦国史研究会	戦国期政治史論集　西国編	7400	2017.12
022	同文書研究会	誓願寺文書の研究（全２冊）	揃8400	2017.12
024	上野川　勝	古代中世 山寺の考古学	8600	2018.01
025	曽根原　理	徳川時代の異端的宗教	2600	2018.01
026	北村　行遠	近世の宗教と地域社会	8900	2018.02
027	森屋　雅幸	地域文化財の保存・活用とコミュニティ	7200	2018.02
028	松崎・山田	霊山信仰の地域的展開	7000	2018.02
029	谷戸　佑紀	近世前期神宮御師の基礎的研究＜近世史48＞	7400	2018.02
030	秋野　淳一	神田祭の都市祝祭論	13800	2018.02
031	松野　聡子	近世在地修験と地域社会＜近世史48＞	7900	2018.02
032	伊能　秀明	近世法制実務史料 官中秘策＜史料叢刊11＞	8800	2018.03
033	須藤　茂樹	武田親類衆と武田氏権力＜戦国史叢書16＞	8600	2018.03
179	福原　敏男	江戸山王祭礼絵巻	9000	2018.03
034	馬場　憲一	武州御嶽山の史的研究	5400	2018.03
035	松尾　正人	近代日本成立期の研究　政治・外交編	7800	2018.03
036	松尾　正人	近代日本成立期の研究　地域編	6000	2018.03
037	小畑　紘一	祭礼行事「柱松」の民俗学的研究	12800	2018.04
038	由谷　裕哉	近世修験の宗教民俗学的研究	7000	2018.04
039	佐藤　久光	四国猿と蟹蜘蛛の明治大正四国霊場巡拝記	5400	2018.04
040	川勝　守生	近世日本石灰史料研究11	8200	2018.06
041	小林　清治	戦国期奥羽の地域と大名・郡主＜著作集２＞	8800	2018.06
042	福井郷土誌	越前・若狭の戦国＜ブックレットH24＞	1500	2018.06
043	青木・ﾐﾋｪﾙ他	天然痘との闘い：九州の種痘	7200	2018.06
044	丹治　健蔵	近世東国の人馬継立と休泊負担＜近世史50＞	7000	2018.06
045	佐々木美智子	「俗信」と生活の知恵	9200	2018.06
046	下野近世史	近世下野の生業・文化と領主支配	9000	2018.07
047	福江　充	立山曼荼羅の成立と縁起・登山案内図	8600	2018.07
048	神田より子	鳥海山修験	7200	2018.07
049	伊藤　邦彦	「建久四年曾我事件」と初期鎌倉幕府	16800	2018.07
050	斉藤　司	福原高峰と「相中留恩記略」＜近世史51＞	6800	2018.07
051	木本　好信	時範記逸文集成＜史料選書６＞	2000	2018.09
052	金澤　正大	鎌倉幕府成立期の東国武士団	9400	2018.09
053	藤原　洋	仮親子関係の民俗学的研究	9900	2018.09
054	関口　功一	古代上毛野氏の基礎的研究	8400	2018.09
055	黒田・丸島	真田信之・信繁＜国衆21＞	5000	2018.09
056	倉石　忠彦	都市化のなかの民俗学	11000	2018.09
057	飯澤　文夫	地方史文献年鑑2017	25800	2018.09
058	國　雄行	近代日本と農政	8800	2018.09